Inferiority

自我啟發之父
阿德勒的不完美人生指引

自卑與超越

What Life
Should Mean to You

阿德勒Alfred Adler／著
啟思療癒小組／編譯

Beyond

不完美的完美

阿爾弗雷德．阿德勒（Alfred Adler）生於奧地利維也納郊區中，一個名為魯道夫斯海姆的小鎮。父母雖然是富裕的猶太穀物商人，但阿德勒卻沒有太幸福的童年。阿德勒的家中有六個兄弟、兩個姐妹，阿德勒排行第三。他從小就因為患有佝僂病而身體虛弱、行動不便，導致他無法和一般孩童一樣跑跳自如。這也讓阿德勒覺得自己不如哥哥們和鄰居，因而產生深深的自卑感。後來，阿德勒發生了兩次車禍；五歲時，又罹患嚴重肺炎。在歷經種種磨難之後，他決定成為一名醫師。阿德勒曾說：「我的童年生活籠罩著對死亡的恐懼，和因為身體虛弱而感到的憤怒。」這些幼年經驗使他強調早期記憶對個體心理的重要影響，亦成為他日後創立個體心理學的重要養分。

西元一八九五年，阿德勒獲得維也納大學醫學院博士學位。一開始，他擔任眼科和內科醫生，也因此影響個體心理學強調身體器官的自卑，認為它是驅使個體採取行動的真正動力。但在擔任醫生一段時間後，阿德勒發現自己仍然無法阻止死亡的降臨，因而將重心轉往神經學和精神病學。西元一八九九年，阿德勒受精神病理學權威佛洛伊德的邀請，成為當時精神病理學分析的核心成員之一。

之後，阿德勒受到哲學家費英格《虛假的心理學》一書影響，認為人們很容易活在自卑情結（Inferiority Complex）與虛幻的心理境況之下，而這樣的情況大部分源自於「男性傾慕」（Masculine protest）這一貌似正常的社會現象。至此，阿德勒與佛洛伊德的精神分析學派逐漸產生分歧。西元一九一一年，阿德勒在魏瑪精神分析會上，公然對當時精神病理學權威佛洛伊德的理論提出不同意見。他強調社會因素在精神病理學中發揮的重要作用，而不認同佛洛伊德所推崇的性慾、生理等決定性因素，更否定了佛洛伊德精神病理學的重要元素——伊底帕斯情結及陰莖羨妒等理論。隨後，阿德勒就離開了維也納精神分析學會，自己創建個體心理學派。

阿德勒的個體心理學派對後來西方心理學的發展具有重要意義。正面評價方面，個體心理學將人視為天生的社會動物，且以統整的觀點看待人性問題，並首先提出「創造性自我」的概念，將人視為最小單位。阿德勒亦是認知取向的先鋒，認為意識是人格的中心，進而影響人類的行為。由此而發展的諮商模式屬於短期成長模式，可以運用的對象、型態範圍極廣，對於日後的諮商學派影響巨大，建立的「學校心理衛生中心」更相當於現在的學校諮商中心。負面限制方面，其所提出的補償作用，大多著重在生理組織的缺陷，而忽略了社會文化的影響。另外，阿德勒認為人類是為了反抗自卑感而進行補償作用，此解釋過於消極，忽略了積極的慾望。而且，補償作用僅適用於具有足夠信心、足夠外在支持力量下產生的理想「優越感」，更無法立即解決當下的問題。

當然，距今已逝世八十多年的阿德勒，其所提出的理論有許多早已不合時宜。例如，阿德勒認為同性戀與賣淫和犯罪一樣，將這些行為皆放在「失敗的生活表現方式」之中。西元一九一七年，阿德勒更出版了一本五十二頁，說明同性戀以及比對各種同時期有關同性戀作品的刊物。但是，不可否認的，阿德勒的許多觀念和想法仍深深影響至今的心理學界，甚至是一般大眾。就像本書，阿德勒首先提出人生必須面對的三大課題——職業、交際和性別。再針對愛情、友情、親情、職場、過往經歷、情緒、生理等各種問題，提出疑惑與解答。阿德勒認為每一個人都是不完美的，而正是因為這樣的遺憾和殘缺，才成就了人類不斷進化變遷的可能性。讓我們跟隨阿德勒的腳步，不再耽溺於過往的痛苦經歷，接納現在有點糟的自己，選擇未來的無限可能。

編譯小組　謹識

Contents

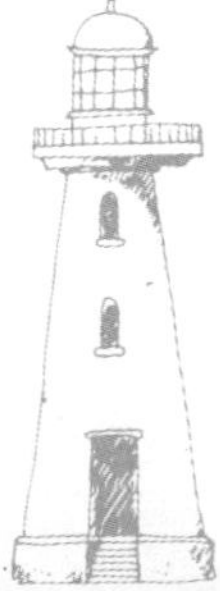

I

第一章

人生的價值

The Meaning of Life

人生所面臨的所有困難或問題，
其實都源自於在生活中所受到的三大限制。
這三種限制構成了人生和現實世界，
且經常使人們遭受困擾，
還迫使人們必須回應且處理這個問題，
所以每個人都應重視這三種限制。
我們可以從對這些問題的不同回答中，
看出每個人對人生意義的不同解讀。

人生的意義

人為什麼而存在呢？
人生的價值是什麼呢？

人類生活的世界是豐富多彩的。人類一般不會以抽象概念體察事物，而是從自身角度觀察，最初的「經驗」產生亦是如此。例如，「木頭」指的是「與人類有關係的木頭」，而「石頭」也是「能作為人類生活要素之一的石頭」。但是，有些人總是企圖排除外在事物的意義，這種行為表現在：孤立自己、脫離同伴，其所作所為於己於人皆無益處。總而言之，人的存在是無法脫離現實的，自我封閉是毫無意義的行為。人們一直以我們賦予現實的意義感受現實，我們所感受的不是現實本身，而是經過解釋後的現實意義。唯有將現實放大到人生和生命的高度，以此解讀其意義和價值，才不會被局限於事物膚淺的表象。因此，當我們體察人生意義時，總有遺憾和缺陷，當然也不可能永遠正確。因為，這看似飽含義義世界的一大特徵就是充滿了各種謬誤和荒誕。

如果詢問人們：「人生的價值到底是什麼呢？」大家多半不知道該如何回答。多數人都不想自尋煩惱，更不願探求問題的本源。但是，從古至今，這個問題一直相伴於人類左右，直至今日也有人時常提起。無論年長或年幼，任何時刻都有可能被點出：「人為什麼而存在呢？人生的價值是什麼呢？」不過，唯有當我們遭受失敗的時候，才會發出這種疑問。如果生命平淡無波，那這個問題就不會被訴之於言詞。

而且，我們可以發現，每個人都把對這個問題的回答，表現於自己的行為之中。每個人在言論之外的行動上，都在詮釋不同的「人生意義」，而且此意義與這個人的觀點、態度、舉止、表達、癖好、志向、習慣，以及性格特徵的表現相一致。也就是說，人類會先對世界和個人進行總結，然後再將人生的價值暗暗貫穿於個人的行為之中。

「我是這樣，宇宙是那樣。」這就是人們思考出的結果，是對自己和所理解的人生意義的一種判定。如前所述，人類對人生意義的解釋不一定全部正確，有多少種人，就會產生多少種不同的理解。「人生」絕對意義上的「正確真理」是什麼，無人知曉，因此只要是相對有效的任何解讀，就不能判定是「絕對錯誤」。

事實上，人生的所有意義皆於上述這兩個極端之間變化。在這些變化裡，我們可以發現某些很美妙，某些卻很糟糕；有些錯誤離譜，有些錯誤微不足道。從中更可以發現，對人生較好的解讀總是大同小異、不約而同，相反的，那些不盡如人意的解讀則難掩其偽。如此一來，我們就得到一個科學的「生命意義」，它是真正意義的共同尺度，也是我們解釋與人類有關的現實的「意義」。同時，必須牢記這個真理的標準是相對人類而言，是相對的真理。世界上並無絕對真理存在，就算有，那也與人類無關。因為人類根本無從掌握絕對真理，所以絕對真理對人類而言沒有意義。

人生必須面對的三大限制

人類的所有問題都可歸於三類：職業、交際和性別問題。

人生所面臨的所有困難或問題，其實都源自於在生活中所受到的三大限制。這三種限制構成了人生和現實世界，且經常使人們遭受困擾，還迫使人們必須回應且處理這個問題，所以每個人都應重視這三種限制。我們可以從對這些問題的不同回答中，看出每個人對人生意義的不同解讀。

❶第一個限制：人類必須生活在這個小小的星球上，除此之外別無選擇。人類與地球上的各種資源必須共存，人類也必須盡自己最大的努力善待地球。我們必須維持自己身體和心靈的健康，以保證人類的未來得以延續。這是

我們都不得不面對的問題，人人都需要迎接其挑戰。不管我們做什麼事，我們的行為都是對人類生存狀況的解答，它們顯現出我們心目中認為哪些事情是必需的、適當的、可能的，有價值的。但是不管何種解答，都必須考慮到一個事實──我們是人類體系中的一部分，我們共同生活在地球上。這就如同我們不能對一道數學題妄加猜測，而必須全力以赴求出答案一樣，為了全人類的美好未來，我們也要對人生的問題重新做出回答，其中最重要的關鍵就是使觀點既富有遠見又相互關聯。為什麼我們必須這麼做呢？因為考慮到人類自身肉體的脆弱，以及人類可能對地球造成的潛在危機。當然，人類的答案不一定完美，但是我們必須盡可能地找到最佳解答。此外，這個解答必須針對「人類被束縛於地球這個貧瘠星球的表面上」這一事實，我們的生活品質必然與地球的福禍緊密相連。

❷ 第二個限制：每個人都必須與周圍其他人相互關聯，任何人都是人類

體系中的成員之一。一個人無法單獨達成目標，這是因為人類個體的弱點和局限所造成。一個人如果獨自孤單地生活、自己面對一切，最終只會走向滅亡。他不但無法繼續自己的生活，更無法延續生命。因為人類所共有的弱點、缺點和局限，所以我們必須與他人團結在一起。如果我們想繼續生存，對人類和社會做出貢獻，就必須與他人聯合、共同發展。若想尋求人生的價值，就必須活在與他人的連繫之中；如果只剩下一個人，將無法繼續生活。若想延續自己的生命，就必須讓自己的情感和這個問題的目標互相適應。

❸第三種限制：人類有男有女。這同樣是維繫個人和社會必須考慮的一大問題。在人的一生當中，不論男女，誰都無法逃開愛情和婚姻這個問題。遇到問題時，人們往往會想像出各式各樣的方法，總以為自己採納的才是最佳的解答。其實，當面對這個問題時，我們的所作所為就是自己心中對這個問題的最佳詮釋。

由此三種限制出發，又會引申出三個問題：第一，既然地球上的自然資源有限，那我們到底應該怎樣做、從事哪一種職業，才能使人類永恆呢？第二，在茫茫人海中，我們應該給自己什麼定位，才能達到與人合作、共同發展的目標呢？第三，如何自我調整，以適應「人類的兩種性別」和「人類的延續依賴於兩性關係」這一生存要求呢？

個體心理學發現人類的所有問題都可歸於三類：職業、交際和性別問題。每個人對於人生的意義產生各自理解時，都會對於這三個問題做出不同的回應。例如：某一個人完全沒有愛情生活或在愛情遭受挫折，且在工作上也表現得很平庸，甚至不喜歡結交朋友，感覺人際交往是一件令人痛苦的事，造成交往範圍十分狹小。從這個人在現實生活中的自我定位和約束，我們可以得出以下結論：「我是為活著而活著，所以應避免讓自己受到傷害，以保證平安無恙。因此，自我封閉以減少社交是我的首選。」看得出來，他把「活著」

視為一件艱難且危險的事情，最後他將在現實遭遇接連不斷的失敗，而且生存機會越來越少。

我們不妨再假設另一個完全相反的例子：某一個人交友廣泛、人脈眾多、左右逢源、事業有成，而且愛情生活和睦甜蜜。我們則可以認為，此類人視「活著」為一個創造的過程，所以他的生活中充滿了各種機遇，其間所出現的困難反而使他擁有超凡的勇氣，因為在他的眼中，任何困難都是可以克服的。這就說明，真正的人生是懂得關注他人，讓自己成為社會大家庭中的一員，並積極地為人類福祉貢獻。

人生的價值在於與社會連接

人生的理想和行為與此同理，人生的價值就在於對他人是否存在意義。

由上文可知，不論我們對人生意義的解讀正確或錯誤，都可以從中找到一些共同點。精神病患者、罪犯、酗酒者、問題少年、自殺者、墮落者、妓女等人之所以容易失敗，是因為當他們處理職業、社交和性別問題時，從不尋求他人幫助，他們對社交生活沒有興趣，且缺乏安全感。在他們心中，人生的價值就是以自我為中心，他們的個人理想無法與其他人共享。就算他們取得了所謂的成功或實現了某種理想，其實也只是一種虛無的優越感，這種自我滿足和陶醉只有對他們自己才有意義。例如，手中擁有武器的罪犯感覺自己很強大、無人能敵。顯而易見的，他們是利用武器為自己壯膽。但對於其他人而言，一把武器並不能提高此人的身價，所以不免有些可笑，這樣的自我價值就是沒有任何意義。真正的意義體現在人與人的交往之中，單獨一個人的意義是沒有任何用處的。我們都在力爭與眾不同，但如果不瞭解每個人的成功和卓越是建立在為他人貢獻的基礎之上，那麼就難以避免錯誤的發生。

人生的理想和行為與此同理，人生的價值就在於對他人是否存在意義。

我再講一個關於某教派教主的故事。有一天，某教派教主將所有信徒都聚集在一起，向大家宣布下周三就是世界末日。信徒們都信以為真，紛紛變賣家產、了結一切世俗牽掛，在激動的情緒中等待末日來臨。但是，星期三就這樣悄悄過去了，世界沒有發生任何異常。信徒們在星期四早上來找教主，氣憤地向他尋求解釋。信徒們說：「看看你讓我們陷入什麼樣的困境！我們放棄了所有的物質保障，對所有認識的人說這周三就是世界末日。當他人嘲笑我們的時候，我們從未在意別人輕蔑的目光，因為我們相信你萬無一失的資訊。但是，星期三過去了，地球不是依然旋轉嗎？」這個教派教主卻逃避眾人的譴責，他狡辯道：「但是我所說的星期三與你們想的星期三，是完全不一樣的啊！」

這個故事說明，只有某個人認為的事實並不能成為真理。「人生意義」的真正標誌就是具有普遍性，即可以與他人共享、絕大多數人都可以接受的共同意義。在日常生活之中，人們可以從中看出所發生之事所具有的共通性。大眾口中的天才雖然是極少數，但是也只有在他們被大家共同認為與眾不同時，才會被冠以這樣的稱呼。由此可見，人生的價值即在「對人類整體做出貢獻」。而且，這並非只是嘴上說說而已，而是必須看重其最後的結果。每一個面對困難毫不退縮的人，都明白人生的真諦在於對他人產生興趣，並與他人合作。他所做的每一件事都會被他人所關注，所以即使遇到困難，他也從來不將解決的辦法建立在傷害他人的基礎之上。如果我們說，人生的價值在於貢獻並不斷與他人合作，也許會有人對此產生疑問。因為對於大多數人來說，這是一個嶄新的理念，他們不禁想問：「如果一個人總是以他人利益為重，向他人貢獻，那麼自身的損失將會有多嚴重呢？我們自己的事又該如何去做呢？難道不應該有一部分人為了自己的發展，而先考慮自己的利益嗎？我們保護別人的前提不應該是先保護自己嗎？」

這樣的觀點大錯特錯，此類問題也不能稱之為問題。如果一個人以自己對人生所認知的意義和理想，再加上他的全部情感，向著自身的人生目標努力，那他必然會沿著最能體現其人生價值的道路前行。同時，他還會為了實現目標而不斷改變自我，逐漸形成使命感和責任感，並在實踐中讓此番感情逐步邁向成熟。人的目標一旦建立，隨後便會開始自我管理。唯有此時，他才會意識到解決什麼樣的人生問題，才會使自己不斷變化和進步。例如，在愛情和婚姻中，如果我們想讓對方感受到幸福和快樂，就會極力表現自我，將所有關心都投注於對方身上。但是，如果我們只按照自己的想法，而不顧對方的感受，那只是裝腔作勢，徒然使自己不愉快而已。

我們還可以從中悟出一點，即人生的真諦就在於奉獻與合作。如果人類仔細觀察祖先遺留給後人的東西，會發現什麼呢？那就是他們對人類的貢獻。除了我們所能看見的有形資產——土地、道路和建築，更有許多無形資產，即他們以哲學、科學、藝術等形式對生活經驗的總結，以及傳達給我們的各種生活技能。這一切的一切都是他們為人類所做出的貢獻，然後代代相承。

那麼，另外那些拒絕與他人合作、對人生意義另有理解、總是想著「我應該如何逃避生活」的人呢？他們留下了什麼呢？他們沒有為人類留下任何有益的東西。他們不但本身已經死去，也沒有在有限的生命中體現任何人生價值。

對於那些認為自己從不需要與他人合作的人來說，就好像地球早已對他們有所安排，給予他們最終的判語：「你一無是處，你的憧憬、你的努力、你所崇尚的價值觀，還有你的思想和靈魂都沒有用處。人們不需要你，任何東西都不需要你。你不配生存，沒有人希望你存在，滾開吧！」當然，在現代文化中，我們依然會發現許多欠缺之處，所以也必須以為人類謀取福利為前提，繼續改變這個世界。千百年來，許多人都懂得這個道理，他們了解人生的價值在於對全人類的貢獻，所以開始關心和幫助他人。特別是那些宗教信仰，我們都可以從中察覺一種普度眾生、救世濟人的思想。世界上所有偉大的行動都是想增加人類的利益，而宗教亦是朝此方向發展。但是，人們卻常常誤解宗教，認為他們只有做一些普通的事，根本沒有做任何有益人類的事情。從科學的角度來說，個體心理學也有同樣的結論，但我想它還會繼續向前邁進。科學大大提高了人們對後人的貢獻，是其他方法所不能及的。雖然入手的角度不同，但目的都是一樣的，那就是增加對他人的社會興趣[1]（Social interest）。

總而言之，每個人對於人生意義的理解非常重要，因為它如果不是我們的守護神，那就是惡魔。我們極須了解人生意義形成的原因和其畫分依據，並及時糾正錯誤，才能讓它成為我們的守護神。以上皆屬於心理學的研究範圍，心理學與生理學、生物學的最大區別就是：心理學可以利用對意義的理解，影響人類的活動以及人類的發展趨向，從而使人類更幸福。

註❶社會興趣 Social interest

阿德勒學派的重要概念之一，意指個體感知自己是社群的一部分，產生對社會事務的態度。個人對於世界上所有他人都抱持正向的態度，與人合作並做出貢獻的能力。阿德勒將社會興趣等同於認同感，以及對他人的同理心。

童年對人生的影響

環境因素並不能決定人生的價值，但我們卻可以透過理解自己的人生狀況以改變命運。

從我們出生的那一刻起，就開始探索「人生的價值」。就算是孩子，也試圖弄清自己的力量和自己在周圍環境中的地位。在兒童發展的前五年，他們已具備一套固定的行為模式，即他們以何種方式和方法對待一切事物。此時，他已經奠定「對世界和對自己應該期待些什麼」的深層概念。在此之後，他便以個人固定的統覺基模[1]（Scheme of apperception）觀察世界。也就是說，現實經驗在被個人接受之前，就已經被大腦預先解釋，而此種解釋又是依照個人最先賦予生活的意義而行。

對於兒童而言，即使他們對人生意義的認知已偏離正軌，即使他們所採用的處理方式會帶來接二連三的錯誤，他們依舊不會改變自己的統覺。唯有他們重新檢討、改正自己的認知，並修正自己的統覺基模，才可以矯正他們對於人生意義的理解。有時候，犯錯所帶來的嚴重後果可能會強迫人們改變自己對人生的理解，進而完善自我。但是，如果沒有任何壓力的話，人們便不會意識到其中的謬誤，且會執著於錯誤之中，以至於無法收拾。一般來說，若想使人生的認知走在正確的軌道上，就必須接受專業心理人員的指導，他們可以教導我們找到錯誤的根源，並探尋正確的人生意義。

讓我舉個例子說明，兒童時期的情境有多種解釋方法，童年的不快樂很有可能被當事人賦予相反意義。

例如，有的孩子童年生活並不快樂，所以他就會盡其所能地找到擺脫困境的方法。因此，他就會產生這樣的想法：「我一定要改善自己的狀況，不要讓我的孩子再成長於這樣的環境中。」但有的孩子則會覺得：「真的好不公平，為什麼總是別人享受美好的東西？既然現實對我這麼殘忍，我還有必要善待他人嗎？」也許，有的父母會這樣告訴孩子：「我的童年就是苦過來的，那你為什麼連這一點苦都不能吃呢？」有的人則認為：「因為我在童年時受了很多苦，所以我現在做什麼都是可以的。」

從以上案例我們可以看出，人們對人生的理解已表現在他們的行為之中，如果他們不改變自己的思想，也就無法改變自己的行為。每個人的個人經歷並不能決定人生的成與敗，這也是個體心理學反對決定論[2]的原因之一。一個人的經歷並不能決定其一生的命運，我們不會被經驗過的「打擊」所困擾，而是從其中獲取決定我們目標的東西。如果我們將某種特殊的經歷作為未來人生的基礎，那麼必定會被這種經歷誤導。環境因素並不能決定人生的價值，但我們卻可以透過理解自己的人生狀況改變命運。

身體的缺陷

大部分成年人中的失敗者，都是因為童年時期未對人生形成正確的定義，且放任這種錯誤持續發展，其中亦包括那些在嬰幼兒時期罹患疾病或存有缺陷的孩子。這樣的孩子經歷了痛苦的童年，他們根本無法意識到人生的價值就是對社會有所貢獻。除非讓那些與他有相似經歷的人加以引導，使其將關注力放在他人身上，否則他們將一生以自我感覺為中心。

這些孩子常常因為周遭的嘲笑、同情或排擠而更加自卑，在這種環境下成長的孩子，會因為社會的侮辱而變得十分內向，甚至認為自己不會對社會產生任何貢獻。身體器官的殘缺或內分泌異常都會導致兒童在生活方面遭遇困難，我想，我是第一個研究此領域的人。雖然這門科學在心理學界已取得不少成就，但它的發展方向卻偏離了我原本的想法。我一直希望尋找克服這種困難的方法，而非只是將這種狀況歸因於身體的缺陷或內分泌的異常。身體的缺陷並不能強迫某個人的心理朝錯誤的方向發展，而內分泌異常也不會對不一樣的兩名兒童產生相同的作用。其實，如果這些兒童能夠克服挫折，那他們在戰勝困難的同時也會激發出自身巨大的潛能。

正因如此，個體心理學家並不倡導優生學（Eugenics）[3]，因為有很多具有先天缺陷的人，常常成為某一時代的傑出人才，雖然他們一生與病魔相伴，甚至英年早逝，但他們卻造就了許多新的貢獻和進步。人類許多偉大的發明，皆是由這些人所創造的，他們的堅強源自於努力不懈，他們執著於完成常人都無法完成的事情，所以有所成就也就是理所應當的了。事實上，僅僅憑著觀察外在生理狀態，是無從判斷心靈好壞的。

然而，迄今為止，大部分具有先天缺陷或內分泌異常的兒童都未接受正確的訓練。正因無人可以理解他們的痛苦，所以他們也就越來越封閉。由此可見，先天具有缺陷的兒童大多是失敗者的原因，往往是因為他們過度關注自己的缺失，因而形成一種無形的壓力。

Adler 家長的溺愛

家長對孩子的過度寵愛，亦是導致兒童曲解人生意義的一大因素。在這些孩子的心目中，他們的願望就是家庭中的法律，無須爭取便可得到一切。他們更認為自己天生具有某種權力，無人能及。然而，一旦他們不再是眾人的焦點，或當他們的位置被他人取代時，他們便無法忍受，覺得周遭的人對他有所虧欠。在這些孩子的生活中，他們已習慣只索取而不付出，根本不懂得如何面對生活中的各樣問題。因為一直生活在別人的照料之中，已然失去自立能力，所以也從不知道自己能做些什麼。他們的腦海中除了自己之外別無他物，亦不懂得與人相處、合作的益處。當有困難出現時，他們唯一想到的便是求助於人。這些孩子認為，如果自己能重新成為眾人的焦點，如果他人可以再次承認自己是傑出的，那困境就會有所改善。

這些被過度溺愛的孩子，在長大後很有可能成為危險因子，其中有些人甚至會恩將仇報，表面裝出「媚世」的姿態，私底下卻不斷尋找機會攻擊別人。如果命他們像一般人一樣合作完成某件事，他們定不會服從，或公然反抗。如果他們無法再獲得別人的關心和呵護，他們就會認為有人在背後攻擊自己，他們就會以為眾人都與之敵對，所以只要一有機會便趁機報復這個社會。如果他人無法接受他的處事方式，他就會認為這是虐待他的行為，所以，對他們施加懲罰不會產生任何作用。他們只會覺得：「所有人都在與我作對。」

無論是公然反抗他人，或是將別人的善意視為惡意，都表明他們對人生的理解是錯誤的。有些人會在不同時期採取不同的生活方法，但他們的思想永遠不會有所改變。這類人的人生價值就是自己永遠第一、自己至高無上、自己可以為所欲為。如果他們一直堅持這樣的人生態度，那他們的生活方法就永遠無法回到正軌。

Adler 冷落

受人冷落的兒童是第三種「問題兒童」，他們的人生同樣容易偏離正軌。這些孩子根本不知道關心和互助的概念，因為他們的腦海中從來沒有這些名詞。我們可以想像的到，當他們在生活中遭遇困難時，總是會高估挫折的難度，從不爭取他人幫助。當他看到社會冷漠的一面時，便會認定整個社會皆是如此。他們不會想到，只要幫助他人就可以輕鬆贏得尊敬和喜愛。他們連自己都無法相信，更別說相信別人了。

其實，任何經驗都無法與情感相比。一個母親最初的任務就是，讓孩子一出生就感受到對自己的依賴之情。之後，她便可以使孩子擴大感情範圍，直至周遭的每一件事物。如果母親沒有完成這一任務，也就是沒有讓孩子對生活產生興趣，並具備合作與互助的情感，那這個孩子就很難關注社會，也很難再有與他人合作的想法。與他人合作的能力人人皆有，但卻是必須經過培養後，才得以表現在生活之中，否則根本無法盡情地展現。

如果研究一個被人忽視、不受歡迎、沒有人理會的孩子，可以發現他們就像與世隔絕一般，從來沒有與人合作的想法，更無法與他人良好溝通，對互助互愛一竅不通。之前我們已經提到，這樣的人生毫無意義。事實告訴我們，如果一個孩子平安度過嬰兒期，那就代表他已受到良好的關心和照顧。說到這裡，我們暫且不管完全被忽視的孩子，讓我們討論那些經常被人忽視的孩子，和那些只有某方面被忽視的孩子。事實證明，被人忽視的孩子根本沒有對人的依賴感。在現代社會中，失敗的人往往不是孤兒就是私生子，因為他們被忽視的機率更大，這真是令人感到悲痛。

總而言之，身體殘缺、被過度溺愛和被忽視的孩子是很容易被誤導的，他們往往會形成錯誤的人生價值觀。這些孩子非常需要他人的幫助，為他們找到處理問題的正確方法，更需要在別人的幫助下找到人生的真正價值。如果我們已給予他們協助，就可以從他們所做的每件事情中看出他們對人生意義的嶄新理解。

註❶統覺基模 Scheme of apperception

個體用以認識周遭世界的基本模式，此模式是由個體習得的經驗、意識、概念等，構成一個與外界現實世界相對應的抽象認知架構。當個人在童年時期建立了偏差的基模，在面臨困境時就會陷入錯誤基模的循環之中，並在錯誤的前提下得出錯誤的結論。

註❷決定論

主張所有事件的發生都是被事先決定的。每個事件的發生，包括人類的認知、舉止、決定和行動，都具備條件決定它發生。與決定論直接對立的是「非決定論」，亦常常與自由意志相對比。決定論者認為自由意志是一種幻覺，人的意志不是自由的。

註❸優生學 Eugenics

起源於十九世紀中期的英國遺傳學者法蘭西斯．高爾頓，他在西元一八八三年最早使用「Eugenics」一詞。他在其著作中試圖回答：「人的品質是否可以藉由選擇父母，即選擇來源，有目的地改善人的生理特徵與精神層次？」但是，從如今的觀點來看，這樣很容易減少基因多樣性，造成人類的生物多樣性變小。而且，優生學所使用的手段很容易違反人權，就算是現在，能夠以不違反人權為前提而挑選良好基因的技術仍然無法普及；而過去時代的手段則非常血腥，經常遭受批評。

早期記憶對人生的影響

留在腦海中的記憶會凝結成我們生活中的經驗，它可以讓我們找到人生的價值所在。所以，每一段記憶都是不可或缺的。

研究證明，夢境和幻想是非常有用的。因為在睡夢中和在清醒時的性格是一樣的，但是在夢境中的壓力較小，所以人的性格可以毫不隱瞞地表現。不過，如果想更了解自己心中人生意義的價值觀，就必須倚靠記憶的幫助。不論記憶多麼零碎，都是極為重要的，因為這段記憶之能夠被想起，即是因為它在生命中所占的份量。記憶告訴人們：「這就是你所希望的事情」、「這就是你所逃避的事情」、「你的人生就是如此」。留在腦海中的記憶會凝結成我們生活中的經驗，它可以讓我們找到人生的價值所在。所以，每一段記憶都是不可或缺的。

對於個人對待人生的特殊方式，以及最先構成其生活態度的環境等問題，童年時的早期回憶具有極其重要的作用。其原因有兩點：第一，早期記憶也就是兒童對自己和周圍環境的最初印象，這是他們第一次綜合審視自己的外貌、對自己的評價、別人對自己的態度等等。第二，早期記憶代表兒童第一次有了自己的主觀想法，也是他們記錄人生的開始。所以在童年的早期記憶中，我們會發現他們對自身地位的認知有些許區別，像是弱勢的、不安全的，或是強勢的、安全的。這裡需要注意的是，最初的記憶是不是真的是早期記憶中的第一件事，或他記憶中的事情是否真實發生過，心理學家認為這並不重要。重要的是，早期記憶對於他們未來生活的影響。

接下來，我想針對早期記憶的問題舉例說明，探討這些記憶對人生意義的定位有何影響。如果有一個女孩在提到最初記憶時，臉上帶有無奈和悲哀的表情說：「有一個咖啡壺從桌上掉下來，燙傷了我。」那當她總是過於誇大危險和困難的程度時，就不必感到驚訝，更不必驚訝她總是認為旁人不夠關心她。因為有些人往往就是這麼不小心，置一個小孩於危險之中。

還有一個相似的例子，有一個人提到自己的最初記憶：「在三歲的時候，我曾從嬰兒車上掉下來。」後來，他就常常做一個夢：「世界末日即將到來，我在半夜醒來時，看到天空是一片火紅的顏色。星星紛紛落下，地球撞擊到另一個星球上。就在一切將要毀滅的時候，我驚醒了。」他是我的一位患者，現在還在學就讀。當他被別人問起害怕什麼的時候，他說：「我害怕這一生一事無成。」顯然，早期記憶和噩夢的出現，令他對生活越來越失望，且極其害怕失敗和災難的發生。

有一個男孩一直有夜間遺尿症[1]（Nocturnal enuresis），而且常和母親爭吵。在十二歲那年，他被帶到我的診所治療。他的兒時記憶中有這樣一段經歷：有一次，他躲進衣櫃，但母親卻以為他走丟了，於是跑到街上焦急尋找、呼喊。所以，在他的記憶中他就認為，若想引起他人注意就必須製造一些麻煩。在旁人忽視自己的時候，可以透過欺騙他人而得到重視。尿床使他成為眾人關心和關注的焦點，母親的焦慮和擔心反而更加深了他對這個價值觀的認同。從上述例子中我們可以看出，在這個男孩心中，世界是充滿危險的，唯有讓他人擔心自己，他才擁有安全感。他也一直認為這是最可靠的方法，在他需要的時候，只要使用這個方法就可以馬上獲得他人的保護。

一個三十五歲女人的早期記憶中，有這樣一件事：「在漆黑一片的樓梯中，我獨自走下樓，那些比我年長的表哥們朝我走過來，我覺得非常害怕。」從這段記憶中我們可以看出，她不喜歡和其他孩子玩在一起，也不喜歡和異性相處。我猜測她是獨生女，事實也的確如此，而且此時她還是單身。

在以下例子中，我們則可以看出社會興趣的發展。一個女孩回憶：「小時候，媽媽讓我推著妹妹的嬰兒車。」我們可以從中看出，她和比自己弱小的人在一起會感覺輕鬆，且對母親有依賴感。一個家庭的最佳教育方式就是，讓年齡稍大的孩子一起照顧弟弟妹妹，如此一來，既可以培養他們的合作精神，也可以讓他們對家庭中的新成員產生興趣，更讓他們為家庭承擔一部分責任。當照顧成為自願行為時，年齡稍大的孩子就不會認為是因為新生兒的誕生，而使父母忽略自己，也不會對自己的手足產生憎恨之情。

但是，喜歡與人相處，並不能代表對他人感興趣。有一個女孩回憶自己的早期記憶：「我和姐姐經常和另外兩個女孩玩在一起。」由此我們可以看出，她是一個很喜歡群體合作的女孩。但當她說到自己的恐懼時，說：「我害怕一個人獨處。」至此，我們又對她產生新的認識——她是一個獨立性很差的女孩。當她與人相處時並不是因為喜歡，而是為了讓自己不再孤單。

當我們真正了解人生的價值，也就找到了打開性格祕密的鑰匙。有人說性格是無法改變的，這是因為他們尚未找到改變性格的方法。如果找不到錯誤的根源，任何治療方法都不會產生效果。改變性格唯一有效的方法就是，培養勇氣和與他人合作的精神。

註❶遺尿症 Nocturnal enuresis

俗稱尿床。指五歲或五歲以上的兒童，於睡眠時不自覺排尿的現象。嬰兒的中樞神經尚未發育完整前，無法自主控制排尿功能。待至三、四歲時，兒童就可以順利控制排尿，但在精神興奮的時候還是會出現尿床、尿褲的現象。五、六歲後，若仍然無法順利控制排尿，即可能為遺尿症。

合作的重要性

唯有明白人生的價值在於奉獻，才能夠勇敢地面對困難，才更有機會取得成功。

防止精神疾病的方法之一就是培養合作精神。所以，讓孩子學會與他人合作，並讓孩子在日常生活或遊戲中學習處理與同儕之間的關係，是非常重要的。不論是什麼樣的合作方式，只要被阻礙，都有可能產生不良影響。例如，被家庭過度寵愛的孩子總是有些自私，他們也會將自私的性格帶入學校。若想讓他對學習產生興趣，唯一的辦法就是讓他在心中覺得自己會受到老師稱讚，因為他只會喜歡自己感興趣的課程。隨著年齡增長，他們缺乏合作精神所導致的不良後果將越來越明顯。在他對人生價值初次產生誤解時，自身的責任感和獨立性便不會再繼續發展。同時，他也已經無法再面對人生的挫折和困難了。

我們不能指責某個成年人在童年時曾犯過的錯，也不能讓一個從未受過合作訓練的人靈活應對需要與他人合作的問題，正如我們不能讓一個對地理一竅不通的人參加地理測試。當他們犯錯時，我們應該立即糾正他們。若想解決人生中的各種問題，就必須具備合作精神；在人類發展的前提之下，做任何事情都需要為社會謀求福祉。唯有明白人生的價值在於奉獻，才能夠勇敢地面對困難，才更有機會取得成功。

如果家長、老師和心理學家了解孩子對人生意義的錯誤理解，只要他們不再重複同樣的錯誤，我們就可以相信，那些欠缺社會興趣的孩子們最後總會了解自己的能力和人生的機遇。而後，當他們面對困難時，總會反覆嘗試；他們也不會再逃避、推脫責任，或尋找不合常規的捷徑；他們也不會再要求他人給予特殊照顧和幫助；他們也不會感覺丟臉或報復其他人；他們也不會有這樣的想法：「人生沒有任何意義，我又能得到什麼呢？」他們會相信：「我必須有自己的人生，這是我自己的事，我能夠處理，自己的事可以自己做主。以嶄新的觀點取代舊的思維，捨我其誰！」如果人人都抱有這樣的思想，都有自立的合作精神，那人類文明的發展將永不止息。

II 第二章

心理和身體

Mind and Body

一個人的性格和人生態度，
在童年早期就已發展出整體模式，
如果經驗豐富，就可以預測他的未來發展狀況。
人的態度也會展現在他的體格中，
例如，勇敢的人往往肌肉結實、站姿挺拔。
生活方式和情緒也會對人的身體造成影響，
勇敢之人的外表、表情、骨骼都與眾不同。

心靈和身體的連繫與衝突

心靈的核心力量是有預知能力，且能引導自身的發展方向。

對於究竟是心靈支配肉體或是肉體支配心靈的問題，人們一直各執己見，許多哲學家亦參與其中，將之視為唯心論或唯物論的問題。哲學家們為自己支持的觀點提出上千種理由，但最終仍沒有結論。在這一大難題上，個體心理學也許可以提供些許幫助。因為從個體心理學的角度來看，我們所關注的是肉體和心靈的相互作用。身患重病的人也有心靈和肉體兩方面，但如果我們從錯誤的理論入手，病人便永遠無法康復。所以我們的理論一定要有經驗作為後盾，且是可以接受考驗的經驗。我們需要找到肉體和心靈之間的相互作用，並尋找正確的入口。

個體心理學讓這一問題變得比較簡單，它們不再是一個絕對肯定或絕對否定的問題。心靈和肉體只不過是人生中的兩種表現方式，在人的生命中缺一不可，我們可以從整體了解它們兩者之間的關係。人類生命的獨特在於可以隨意活動，但只有發展肉體是不夠的，更重要的是心靈。種子在土地裡生根後，就被固定在某個特定位置，無法隨便移動。所以，如果我們發現植物原來也具有某種或幾種心靈時，就會感到非常吃驚。但是，即使植物可以預知未來，對它本身也沒有任何用處。例如，植物已預料到：「一會兒之後，將有一個人走過來，踩到我的身體。」這沒有任何用處，因為即使它預料到事情發展，仍然無法改變結果。

但是，人類就可以將預料的事物用於確定事情的發展方向。這就告訴了我們，人是具有心靈或靈魂的。

"Sense,sure,you have,Else you could not have motion."

「你當然有思慮，否則你就不會有動作。」（《哈姆雷特》[1]第三幕第四景）

心靈的核心力量是有預知能力，且能引導自身的發展方向。

總而言之，因為人類能夠預測各種事物，並確定事物的發展方向，所以證明長有兩條腿的人都具有心靈或靈魂。如果我們認清這一點，就可以了解心靈對肉體的支配關係，也就是說，心靈會為身體指明前進的方向。但是，我們的心中必須有一個固定的目標，否則任由身體移動是沒有用的。因為心靈支配著身體運動，所以心靈是主導者。然而，身體也會反過來影響心靈，因為運動的完成者是肉體，唯有身體允許心靈，心靈才可以支配身體。例如，我們很想登陸月球，但必須借助高科技才得以完成，否則只是白日夢。

人類的活動範圍比其他動物大很多，不僅活動方式較多（這一點由人類手部的複雜動作可以看出），人類也能利用活動改變身旁的環境。所以，我們可以預想，人類的大腦將越來越強大，人類努力奮鬥的目的性也會越來越強，藉以改善他們在環境中的地位。

此外，在為了局部目標而進行局部行為的背後，我們還發現每個人的心目中，都有單一、能包含一切運動的動作。我們所做的一切努力都是為了尋求一種安全感，即克服所有困難，並讓自己從中解脫。為了達到這一目標，所有行為和表現都必須協調一致。心靈似乎是為了要獲得最後的理想目標，而被強迫發展。

身體也一樣，它也努力和心靈合為一體，並且向一種預先存在於胚胎中的理想目標發展。例如，如果皮膚乾裂，那全身都會努力讓其復原。不過，這不只是身體獨自努力而已，心靈也發揮了不可忽視的作用。運動、訓練及一般衛生學的價值都已被證實，這些都是身體努力爭取其最後目標時，心靈所提供的助益。

從人類生命的第一天開始，至結束為止，心靈和肉體就在不斷地合作，他們就像一個無法分割的整體。心靈就像一台強力引擎一樣，可以激發人體的所有潛能，使身體變得更加強壯。我們的思想則可以透過身體的動作、表情和行為表現出來，人只要有動作，這個動作就是具有意義的。一旦人的眼睛、舌頭和臉部產生動作，就會使我們產生各種表情，這正是心靈賦予我們的某種意義。說到這裡，心理學和精神科學所研究的到底是哪些問題呢？心理學的目的就是，找出一個人各種動作背後所代表的意義，並探尋其最終目的，然後將這一目的和其他人之目的相比較。

我們的任何動作都是有目標的，而心靈則將這種目標變得更加明確。它計算出我們要走的道路，以及哪一條道路比較平坦順利。當然，這一過程中的錯誤也不可避免，一旦我們心中的目標變得不確定或方向歪曲，就不會產生行為。例如，當活動自己的雙手時，腦中必定會反應「動」之目的。但是頭腦的選擇也並非時時正確，如果選擇錯誤，那就代表頭腦誤以為這個錯誤就是正確的。所以，心理上的錯誤會影響行動上的錯誤。我們每一個人都在尋找安全的目標，但是這個安全的目標到底在哪裡呢？許多人在關鍵問題上犯錯，在思想選擇就跟著犯錯，最終朝向錯誤的方向。

當我們看到一個表情或徵兆時，若無法判斷其所代表的含義，最好將其束之高閣、不予理會。以偷盜為例，小偷會將他人的財物據為己有。若分析其動作背後之目的，那可以得出：小偷想擁有更多財富，因為財富越多，便越有安全感。所以，這一行為就是由貧窮或匱乏所引起。接下來，再分析這個小偷所處的環境，以及他產生貧窮或匱乏的想法。最後，我們做一個假設：如果改變他生活的環境，或使他的生活不再貧窮，那他還會繼續偷盜嗎？我們無須指責他的最終目的，但我們可以因此了解，為了達到自己的目標，他選擇了錯誤的道路。

正如我在前面章節所述，人在四、五歲之前就已具有統一的思維和精神與肉體合作。在這一時期，人類擁有遺傳而來的素質和對周圍環境的印象，並利用這些東西追求更高一層的成就。在六歲之前，一個人的人格已初步定型，對於人生的價值、追求的目標、處事的態度、情感的秉性也已定型。在逐漸長大的過程中，這些觀念也有可能產生變化，但必須先摒棄幼年時的錯誤思維。人類的想法和行為是源自於自身對人生的理解和認知，如果他可以改變自己的認知，那就會產生新的想法和新的行為。

每一個人對周圍環境的印象，都是經由感覺器官獲取。所以，我們可以從一個人訓練身體的方式中，觀察他想從自己所在的環境中獲取何種印象，以及他想達到的目標。我們可以透過一個人所觀察和聆聽的事物，了解其感興趣的東西，並透過這些方面了解這個人，這也是行為之所以重要的原因。由此可見，身體感官所受到的訓練，和人類如何運用它們以選擇自己所接受的印象，每一個舉動都有其特定意義。

現在心理學主要研究的是，人類本身對周圍環境的感知，和經由感知形成的人生態度。若在現有心理學的基礎之上再添加一些東西，那就可以看出人和人的心靈之間是如何造成如此巨大的差異。身體如果無法適應環境，就達不到環境所提出的要求，就使得精神負擔加重。正因如此，在智力方面，身體有缺陷的孩子總是比正常孩子發育遲緩，因為他們的大腦難以讓身體動作協調一致。身體有缺陷的孩子若想和正常人一樣生活，就必須更加集中精力。

所以，他們的精神負擔較重，也容易變成自私自利的人。如果一個孩子總是過度關注自己的缺陷，那他自然沒有精力關心他人。不論時間或身體都不斷限制他關心旁人，情感自然淡漠，也就沒有如正常人一般的合作能力。

我們必須承認，身體上的缺陷會帶來諸多不便，這是我們無法改變的。但是，如果身體有缺陷的人在精神方面積極向上，勇敢地克服一切困難，如此一來，他也就和普通人沒有區別，一樣可以獲得偉大的成就。其實，有些先天缺陷的孩子，其成就遠遠高於正常兒童，因為身體障礙是一種能使人向前邁進的刺激。例如，一個弱視的孩子會承受比普通孩子更多的壓力，他觀察世界時必須比其他孩子耗費更多精力。但這也致使他更加關注這個世界，讓自己更努力地區分色彩和形狀。結果，他在視覺方面反而優於正常孩子，也比他們更具有欣賞力。所以，只要克服了精神上的障礙，身體的缺陷就不再是限制，反而成為一種有利的條件。據我所知，很多畫家和詩人都有視覺方面的缺陷，但在經過後天訓練後，他們成功跨越先天缺陷的障礙，視覺遠遠超越正常人。

這種補償現象②在左撇子孩子的身上更加顯著，在家庭或校園中，大人常常刻意讓左撇子孩子改掉用左手寫字的「壞習慣」。左撇子使用右手畫畫、寫字，當然不如左手靈活，但如果透過大腦支配讓身體克服這些困難，他們的右手也會變得和左手一樣靈活。事實確實如此，有許多左撇子孩子畫畫和寫字都比右撇子漂亮，手工藝方面也一樣優秀。因為他們找到了正確的方法，也具備完成事情的動力，再加上自身的努力，就能夠轉劣為優。

唯有試圖將自己融入群體、不再只關注個人的孩子，才得以在成長過程中慢慢彌補自身的缺陷。那些一心只想擺脫困難的人，肯定會落後於他人。唯有具備克服困難、努力爭取的想法，才會在人生的道路上擁有加倍的勇氣。

這亦是有缺陷孩子的興趣和注意力應指向何處的問題。如果將目標定位於身體之外的其他方面，他們便可以培養、訓練自己，以達到指定的目標，也會自然而然地認為困難是成功之路上必須清掃的阻礙。但他們如果只將注意力放在身體的缺陷上，或將自己的目標訂為擺脫天生的缺陷，他們便無法取得成功。若想使「笨手」變得靈活，不能只想著「這隻手該怎麼辦」、「如果這隻手沒有那麼笨就好了」、「我不要使用這隻手了」，而是應該積極鍛煉，讓這隻手變得更加靈活。這就需要我們自己訓練並實踐，擺脫笨手帶給我們的影響。若一個孩子想克服某項困難，那他應該為自己制定的目標就是「關注社會、關注他人、與他人合作」。

我曾研究神經管發育缺陷的家族，發現他們可以作為遺傳缺陷被轉變運用的案例。這些家庭的孩子們大多患有遺尿症，他們的缺陷明顯，腎臟、膀胱或脊柱裂[3]（Spina bifida）的問題也顯而易見。還有，從腰部的痣和胎記中，也可以明顯地看到這一缺陷。但是，我們並不能將遺尿症完全歸於身體上的缺陷，尿床的孩子並非在身體器官的控制下生活，他其實可以掌控自己的身體器官。例如，有些孩子晚上尿床，但白天卻不會尿褲子。有時，這種現象也會隨著環境轉變或父母關注力下降而消失。如果他不再利用身體缺陷作為達成目的之手段，那除了智力障礙的兒童外，遺尿症其實都是可以克服的。

但是，大部分尿床的孩子是因為受到外界刺激而不想克服此問題，所以才無法改掉這個習慣。有經驗的母親會訓練他們，幫助他們改掉這種習慣，然而經驗不足的母親卻往往不知道如何是好。有腎臟或膀胱疾病的孩子在聽到「尿」的字眼時，常常高度緊張。所以，母親不該在孩子剛剛尿床的時候就制止他，當孩子知道旁人總是關注他的這項行為時，反而會產生厭煩心理，致使孩子不接受相應的訓練。

據德國一位社會學家統計：父母的職業與孩子的犯罪相關，例如法官、警察或獄警的孩子，往往犯罪率較高；教師孩子的學習成績往往並不優秀；醫生的孩子常常有很多精神問題；牧師的孩子有很多成為墮落分子。同樣的，如果父母過於關注孩子的尿床行為，反而提供孩子一個表現自己的機會，造成他們透過尿床表達自己的意志。

上述的遺尿症也可以歸結到另一個問題：人類如何透過夢境實現自己的願望？若孩子在晚上時常夢到自己正在上廁所，那他就有藉口尿床。他們透過尿床達到許多目的，例如引起他人注意、致使他人為自己做事、讓周遭的人時時刻刻以自己為焦點，有時也是對抗父母的一種方式。不管從哪方面來說，尿床都可以說是一種創造性的表現——他們不是用嘴巴表達意願，而是用膀胱。身體的缺陷為他們提供一個良好的藉口。

以此種方法表明態度的孩子，通常是因為正在遭受某些壓力。例如，他們曾經受到關注，如今卻被忽略。或許是在他的弟弟妹妹出生後，父母的關愛因此減少了，所以急須吸引母親的目光。他只想達到這一目的，不管利用何種方法。這其實是在告訴母親：「我並不像你認為的已經長大了，我仍然是一個孩子，我也需要別人的照顧。」

處於不同環境或身體有其他缺陷的孩子也會產生類似的行為，以達到自己的目標。例如，有些孩子會利用哭鬧聲引起他人注意，有些孩子會夢遊、做噩夢、半夜掉到地上，或說自己口渴並要求喝水。其實這些孩子的心理活動都是相同的，這些症狀的原因一部分來自於其所處的環境，一部分來自於他們的生理因素。

從以上案例我們可以看出心理對身體的影響，心理因素可能會引起某種病症，並影響整個身體的發育。目前雖然無法證明這種說法是絕對的，但也有一些可以證明的案例。例如，膽小可能造成男孩的身體發育萎縮，因為他不注重身體的鍛煉，或者說，他根本不在意自己的身體會發育成什麼樣子。所以，他從不積極鍛煉身體，即使外面有很多孩子正在運動，他也對此毫無感覺。那些喜歡鍛煉的孩子，其性格自然比瘦弱的孩子開朗豪放。

而心理會影響身體形態和發育，身體當然也會反過來影響心理。其實，我們常常遇到由心理引起的身體不適，那都是因為這個人還未找到克服身體障礙的方法。例如，在四、五歲之前，內分泌腺體對人類的心理有很大的影響。但是，有缺陷的腺體不會對身體產生強迫作用，反而總是被周圍環境、個人喜好、腦海中活躍的思想所左右。

註❶哈姆雷特 Hamlet

又名《王子復仇記》，是莎士比亞於西元一五九九年至一六〇二年間創作的一部悲劇作品，是莎士比亞最負盛名和被最多人引用的劇本。本劇與《馬克白》、《李爾王》和《奧賽羅》，並稱為莎士比亞「四大悲劇」。《哈姆雷特》中，叔叔克勞地謀害了哈姆雷特國王，篡奪王位並迎娶國王的遺孀葛簇特，王子哈姆雷特為了父王憤而向叔叔報仇。劇本細緻入微地刻畫了偽裝的、真實的瘋癲，從悲痛欲絕到假裝憤怒，探索了背叛、復仇、亂倫、墮落等主題。

註❷補償現象

因生理或心理上某些方面有缺陷或不合意願，自我便特別努力發展其他方面的特點以彌補缺陷，藉此減輕內心的不安。適當的補償作用有益於個體的社會適應與健康成長，但過分補償則可能導致心理與行為變態。

註❸脊柱裂 Spina bifida

為一種神經管發育缺陷，脊椎骨及神經管未順利閉合的先天性障礙。主要可分為三類：隱性脊柱裂、脊髓膜膨出，以及脊髓脊髓膜膨出等三類。常見症狀包含走路障礙，膀胱或腸道控制、腦水腫、骨髓栓系綜合症，以及乳膠過敏，認知障礙則較為罕見。

情感的作用

不管是快樂的、憂傷的、勇敢的、焦慮的，情感都和人生態度相一致，情感的表現方式和程度也恰恰合乎我們的期望。

人類隨著生活環境所做的改變，我們稱之為「文化」。文化是精神促使身體產生行為的結果，精神促使人們工作，又指導身體發育。最終我們會發現，人的每一種行為都受到心靈的影響。然而，精神也不像我們想像的無所不能，想要克服困難還必須有健康的身體作為保障。所以，心理便對環境產生諸多影響，它讓身體免受疾病、死亡、傷痛、意外、衰竭的侵襲。我們的心感受到快樂與痛苦、產生各種幻想、具有對事物的辨知能力，皆有助於我們完成這一目標。

幻想和辨知能力是預測未來的一種方法，

不僅如此，它們還可以激發人類的感知，使身體受大腦支配。一個人的情感充滿了他賦予生活的意義，以及他為其努力所訂下目標的記號。情感可以控制肉體，但卻不受制於肉體。情感主要依這個人的目標和他生活的方式而定。

顯然，一個人的行為不單單受到人生態度的約束。如果沒有其他強制的力量，態度是無法產生行為的。個體心理學的觀點認為，情緒感知絕對不會和人生態度相矛盾，一旦有了明確的目標，感知就會以目標為中心調整。這一點已超越生理學和生物學的範疇，感知亦無法以化學理論和化學實驗解釋或預測。在個體心理學中，我們先假設生理過程的存在，但我們更感興趣的是心理的目標。例如，我們不會過度關注焦慮對交感神經和副交感神經的影響，而是關注焦慮之目的。

據以上觀點可知，產生焦慮的原因並非壓抑性慾或難產引起的後遺症，這樣的說法簡直太過荒唐。如果觀察那些被母親過度呵護、寵愛的孩子就會發現，他們無論何種原因的焦慮都會引起母親的注意，這就成為他們控制母親的方式。據經驗得知，發怒也可以有效地控制某人或某種局勢。身體或精神的特徵都來自於遺傳，但心理學關注的是如何應用這些遺傳，以獲取既定的目標。這就是研究心理學的真正目的。

從任何人身上我們都可以發現，感知是朝著獲取其目標所必要的方向和程度而成長發展的，並且對實現目標有著舉足輕重的作用。不管是快樂的、憂傷的、勇敢的、焦慮的，情感都和人生態度相一致，情感的表現方式和程度也恰恰合乎我們的期望。總是以痛苦達成其優越感的人，不會因為達成目標而感到快樂，唯有在不幸的時候，他才會感到快樂。如果我們稍加注意，就可以發現情緒也是可以被我們呼來喝去的。那些患有廣場焦慮症[1]的人，一旦獨自在家或派遣他人辦事（自己不出門）時，他的焦慮感就會消失；當精神病患者感覺自己無法掌控任何人時，就會刻意避開那些場合。

情緒也和一個人的人生態度一樣，通常是固定不變的。例如，膽小的人總是膽小，雖然在有他人保護時，他不會感到害怕；在弱勢的人面前會變得氣勢強大，但內心深處的恐懼感仍不會消失。膽小之人的房間裡可能會有三層防盜鎖、幾隻看門狗和數個報警器，卻依然吹噓自己如何勇敢。本來沒有人會認為他膽小怕事，但他過於謹慎的態度卻已顯示自己內心的焦慮。

性慾和戀愛亦是如此。如果一個人的心中產生了性的目標，那就具備了性的感知力。在這個人的腦海中，除了認定的性目標之外，對其他人皆毫無興趣，而他的性器官也會產生相應的感覺。但當這種感覺消失或不正常時，便會出現陽痿、早洩、性冷淡或性偏離❷（Paraphilia）等症狀。這些症狀表示此人不想放棄那些不利於身心健康的行為，而這往往是由於不正確的優越感追求和人生觀念所造成。我們常常可以看到這樣的情形：某些人不體恤他人，反而一直乞求對方為自己著想。這些人就如同上述案例，他們不但沒有社會情感亦缺乏勇氣，人生態度更是大錯特錯。

我有一個病人，他是家中次子，一直深受內心的負罪感折磨。在他的父親和兄長眼中，他是個非常誠實的人。七歲那年，他請求哥哥代替自己寫作業，但卻向老師撒謊是自己做的，事後的負罪感整整折磨了他三年之久。後來，他終於鼓起勇氣向老師說明一切，但老師只是付之一笑。而後，他又哭著向父親訴說這件事，父親誇獎了他一番，表示因為有這樣誠實的孩子而感到驕傲。但是，即使得到了父親的原諒，他的內心依然焦躁不安。從上述案例中我們可以發現，一個七歲的孩子因為犯了微不足道的錯誤便如此自責，是因為他想藉此證明自己是一個真正誠實的孩子。家庭內高尚的道德觀念使他在品德方面比他人優秀，但因為他在學習和生活中的成績都比不上哥哥，所以就想透過其他方式追求優越感。

在之後的生活中，他又因為染上了其他壞習慣而陷入自責之中。他常常手淫，而且一直沒有改掉在考試中作弊的習慣。每次考試過後，他內心的負罪感就加深一層。隨著年齡越來越大，他的這些習慣也就越來越難改善。他的內心脆弱無比，所以承受的壓力也比自己的兄長多。只要在某一方面的成就比不上哥哥，他就會為自己找尋各種理由。在離開學校之後，他試圖進入職場工作，但因為內心沉重的負罪感，造成他每天只能不斷乞求上天的寬恕，連工作的時間都沒有了。

後來，他的精神狀態變得極度不正常，所以不得不來醫院，醫生們都對他束手無策。但在一段時間後，他的身體卻突然開始好轉。在他即將出院的時候，醫生告訴他如果有任何不適都可以再來醫院複診。之後的某一天，他突然跑到教堂面對眾人跪下，哭喊道：「我的罪孽太過深重了！」就這樣，他再次成功引起他人注意並獲得優越感。而後，他又在醫院住了一段時間才順利回家。有一天，他竟然一絲不掛地出現在餐廳中，因為他的身材確實很好，這一點足以超越他的哥哥和其他人。

其實，他心中的負罪感可以讓他變得更加誠實，也可以使他發揮自己的優點，但他卻讓內心的負罪感往錯誤的方向發展。他不想考試、不想工作，這些都證明他是一個膽小又缺乏自信的人，他的每一種精神病症也都表明他極為害怕失敗。他在眾人面前哭喊和裸體進入餐廳的行為，都表示他願意不顧一切獲得內心渴望的優越感。他的人生態度引導著他的行為，而他的情緒又和他的目的相一致。

還有一種我們較為熟悉的行為，也可以證明情感對身體的影響，但它所引起的是身體短暫的表現，而非長久固定的特質。從某種程度上來說，人類的情感是可以透過身體表達的，例如某些姿勢、態度、表情和四肢擺動。人體的器官同樣會發生變化，例如臉頰紅潤或蒼白，這就是血液迴圈的變化。每個人都有自己的肢體語言，這些肢體語言可以幫助我們表現憤怒、焦慮、疼痛或其他感情。

當遇到恐懼的事物時，人類會產生很多不同的反應，例如頭髮豎起、心跳加速、冒冷汗、呼吸急促、聲音嘶啞、渾身顫抖、動作僵硬等。有時，情緒也會影響身體健康，例如造成食慾不振、噁心嘔吐等。還有，情緒變化有時更會影響膀胱器官，有時則會影響性器官。有些兒童在接受考試時，會覺得性器官受到刺激；而有些犯了罪的罪犯，則會在犯罪後尋求管道紓解性慾。醫學界將性慾和焦慮視為一體，但有的人則認為兩者沒有任何關係。那是因為他們的觀點都是從主觀出發、由經驗得來，所以對有些人來說兩者之間有連繫；對有些人來說則沒有關係，這些反應都是因人而異。

研究發現，這些反應也和遺傳有關係，我們可以從中看出一個家族的弱點和特徵。在特定情境下，同一家族的人常常會表現出相似的表情或行為。但最有趣的還是我們可以透過這些情緒觀察大腦是如何支配身體的。

情感以及這個人生理上的表現，可以讓我們知道大腦如何依據環境好壞而反應適當的情緒。例如，當一個人生氣的時候，他會想盡快克服生氣的情緒，於是採用攻擊、指責、謾罵他人的方式發洩。生氣也會影響我們的器官，它會使得各個器官都為之調動並且緊張。有些人會胃痛、臉頰通紅、血流加快、頭腦混亂。一般情況下，人在壓制怒火或受到羞辱後容易頭痛，而有些人則會引起三叉神經痛或癲癇。

目前為止，人類從未全面探索情緒影響身體的具體原理和方式，所以我在這裡也無法對它們做出完整的描述。精神緊張時，自主神經系統和非自主神經系統都會受到影響。精神一旦緊張，自主神經就會主動「幫忙」，然後做出某些特定的動作，例如敲桌子、咬嘴唇、撕紙張等。受到威脅的時候，人也會做出咬鉛筆、啃指甲等行為。在陌生人面前臉紅、顫抖或肌肉緊張也是一樣的道理，都是焦慮和緊張所造成的。在非自主神經的作用下，這種緊張會傳遍全身。因此，每當緊張的情緒發生時，整個身體都會處於緊繃的狀態之下。但是，這種非自主神經所傳送的緊張，不會像上述自主神經引起的狀況一樣明顯。在進一步的研究中我們更發現，當表達任何一種情感時，我們都會藉由生理和心理的相互作用，調動身體的每一部分，所以精神和肉體的相互作用對人類來說是非常重要。

從上述證據中，我們可以發現一個人的人生態度和情感會對身體發育造成持續性的影響。事實確實如此，一個人的性格和人生態度在童年早期就已發展出整體模式，如果照顧者經驗豐富，就可以預測他們未來的發展狀況。人的態度也會展現在他的體格中，例如，勇敢的人往往體型較大、肌肉結實、站姿挺拔。一個人的生活方式和情緒也會對他的身體造成影響，勇敢之人的外表、表情甚至骨骼都與眾不同。

如今，我們已確信精神會對大腦有顯著影響。病理學[3]（Pathology）研究表示，如果左腦受損進而喪失閱讀和書寫能力，那大腦便會透過訓練其他部分彌補這一缺陷，使其功能正常。我們常常在中風者身上看到這種情形，目前的醫療水準想修補中風後的受損大腦幾乎不可能，但大腦中的其他部分會自動補充，使中風者重新獲得喪失的功能。這一事實告訴我們，個體心理學亦可應用於教育方面。如果精神對大腦的影響如此巨大，如果大腦僅是一個工具（即使是極為重要的工具，也仍然是工具），我們就可以尋找開發和改進這個工具的方法。那些天生具有腦部疾病的病患，便不必終其一生都受其束縛，他可以找出使大腦更適合於生活的方法。

但是，當我們定位了錯誤的目標方向，精神就無法與大腦密切配合，也無法幫助大腦運行。所以，我們會發現許多欠缺合作精神的孩子，長大後的智力和理解力沒有達到平均標準。其實，從他們成年後的行為中，我們可以觀察他們在年幼時對生活的認知，還有他們的人生態度和世界觀，進而找到他們在生活中的障礙並幫助其克服。在個體心理學中，我們已經朝這個方向跨出第一步。

註❶廣場焦慮症

一種焦慮症，其特徵是患者認為所處的環境不安全且不容易逃離而產生的焦慮症狀。可能包括開放空間、公共運輸工具、商場，或僅僅在自家外，在這些情況下皆可能導致恐慌發作。當出現嚴重焦慮感時，病患會躲在家中或一、兩間房屋中，甚至連床都不願意離開，直到他們被過分刺激的神經系統平靜下來。

註❷性偏離 Paraphilia

或稱性變態、性偏見、性心理異常和性反常等，是對非典型對象、戀物、情境、幻想、行為或個人的強烈性喚起體驗。也有性慾倒錯或性倒錯、性偏好障礙之說，是一系列心理名詞，指對於特定人、事物或情境產生性慾的偏好。並非所有性偏好都是精神疾病，應正確區分性偏離與性偏好。性偏離的定義必須是該性偏好將導致個人痛苦或損傷，以及涉及傷害自己或他人的性滿足。

註❸病理學 Pathology

醫學領域的一門分支學科，專門探討疾病在個體發生的起因、發展及變化，以及整個過程對患者產生的各種影響。此學科在醫學教育中屬於基礎學群，臨床操作利用病理學知識分析採樣檢體，以輔助醫師診斷和處方；研究層級則試圖解釋疾病造成生理變化的未明現象。因此該學科在醫院被稱為「醫生中的醫生」（Doctor's Doctor）。

身心的不同特徵

情緒是人生態度的真實反映，唯有改變其人生態度，才能將情緒斬草除根。

有許多學者指出，精神和肉體之間存在恆定的關係，但卻沒有人找出兩者之間的連帶或因果關係。例如，克雷奇默❶（Kretchmer）曾提出透過體貌特徵研究一個人的精神和情感的方法。他將人們以外表的明顯差異畫分為不同類型，就像矮胖型的人都是圓臉、短鼻子，如莎士比亞在《凱撒大帝》中的描述一樣：

“Let me have men about me that are fat;Sleek-headed men and such as sleep o' nights.”

「我願我的四周圍繞著肥胖之人，他們有

圓潤的肩膀，且能通宵熟眠。」（《凱撒大帝》❷第一幕第二場）

克雷奇默將人們的體型和心理連繫在一起，但卻沒有深入探討其中的原因。在日常生活中，矮胖型的人通常不會受到他人輕視，人們可以接受他們的相貌。他們也覺得自己和常人一樣。他們力量強大、具有自信心、心平氣和，即使與他人打鬥也毫不畏懼。但是，他們不認為別人都是他的敵人，也不認為生活充滿敵意。心理學中的某個派別稱這類人為「外向型」，但沒有詳細提出原因。我們認為他們是「外向型」，只因為他們從沒有因為自己的體型而感到苦惱。

在克雷奇默的描述中，還有一種「精神分裂型」的人。他們不是長得很矮，就是長得很高；他們的鼻子很長、腦袋很尖。這種人通常不愛言談，性格內向，一旦受到精神上的刺激，就容易罹患精神分裂症。《凱撒大帝》中也有這樣的描述：

"Yond Cassius has a lean and hungry look , He thinks too much ; such men are dangerous."

「卡修斯擁有面黃肌瘦的面孔，而且城府極深，是個危險的人。」（《凱撒大帝》第一幕第二場）

也許，正是因為他們身體上的缺陷使得這些人越來越關注自我，而後也越來越悲觀內向。一開始，他們也許僅僅渴望獲得關注，但當他突然發現別人對自己的關注度不夠時，便會變成尖銳多疑的人。其實，克雷奇默也提到，混合型或矮胖型的人也具有精神分裂症的特徵。我們完全可以理解，如果周遭環境加諸於他們過多壓力，便會導致他們畏畏縮縮、喪失自信。在這種情況下，任何一個普通人都有可能自信心不足，甚至變為精神病患者。

若具備長期且豐富的經驗，便可以從個人的部分表現中看出其與人合作的程度。但是，因為我們尚不確定人與人之間究竟可以合作到何種程度，所以一直在摸索尋求答案。在日常生活中，我們已經察覺合作的重要性，也已經感受到在紛雜世界中為自身定位的必要性。在每次重大的歷史變革之前，人們的心靈皆已察覺變革即將到來，並努力促使它成功。但這種努力若單靠本能決定，便很容易出現差錯。人們總是不喜歡具有引人注意特質的人，例如行為古怪、長相醜陋。不知道為什麼，人們總覺得難以和這種人合作，但這種想法是不正確的，也許是因為有人曾有過合作失敗的經驗才這樣認為。如今，我們仍沒有找到與這種人合作的最佳方法，因此我們常常誇大他們的缺陷，他們也自然因為這些缺陷而被眾人排斥。

總結以上觀點，在四、五歲時，兒童的人生目標已逐漸統一，精神和肉體的關係日漸緊密。此時，兒童的人生態度已基本形成，其情感行為、生理特徵也隨之產生。而每個人的人生態度也就決定了他與社會合作的程度，我們可以從中對此人加以了解。例如，合作能力差便是失敗之人的共同特徵。現在，我們可以給心理學一個更進一步的定義——為了了解一個人合作的缺失程度。精神是一個整體，一個人的人生態度會貫穿他的一生，一個人的思想和情感也會和人生態度一致。當我們察覺某種情緒很明顯地引發問題且違反個人利益時，若只改變這種情緒是完全沒有用的。情緒是人生態度的真實反映，唯有改變其人生態度，才能將情緒斬草除根。

根據以上觀點，個體心理學為教育和治療提供一個啟示。我們不能單獨治療某一病人或某一性格，我們必須了解這個人在對人生進行選擇時的錯誤思想、對人生的錯誤解讀、自身的經歷、他對周遭環境的錯誤看法等，這才是心理學真正應該研究的事物。而有些事並不是心理學需要研究的，例如用針扎一下，看他能跳得多高；用手撓他，看他能笑得多大聲。這些實在不宜稱之為心理學，但這種作法在現代心理學界中非常普遍。它們雖然能告訴我們某些和個人心理相關的資訊，不過也只限於固定且單一的人生態度而已。

「人生態度」是心理學中最值得研究的問題，但其他學派的心理學主要研究的是生理學或生物學的問題。對於那些研究刺激與反應、精神創傷和感情經歷的緣由、遺傳對人的作用的研究者來說，研究生理學或生物學的心理學非常適合。但是，個體心理學研究的是人的精神問題。我們研究的是個人賦予世界和自身的意義、人生的目標和努力的方向，以及個人對生活問題的處理方式。迄今為止，了解心理差異的最好方法就是檢視其合作能力的高低。

註❶克雷奇默 Ernst Kretschmer

德國精神病學家和心理學家。克雷奇默以研究體態、體質與人格特徵的關係聞名。他將性格定義為：一個人在生活中，一切情緒上、意志上可能反應的總和。他將精神疾病分為精神分裂症和躁狂症兩大類，並對精神病患者施以生理特徵測量。克雷奇默在其著名的《體型和性格》一書中，對正常人的體型與心理類型建立對應關係，闡述他的體格類型理論，即「體型說」。

註❷凱撒大帝 The Tragedy of Julius Caesar

莎士比亞的一齣悲劇作品。故事描述西元前四十四年，一眾羅馬元老計畫並成功刺殺獨裁官凱撒，以及叛徒們在腓力比被擊退的經過。雖然戲劇的名稱是《凱撒大帝》，但有觀點認為劇中的主角是馬爾卡斯・布魯圖，凱撒只在其中三場戲出現。此劇以布魯圖的內心掙扎為主題，描繪他如何在友誼、國家以及榮譽之間猶疑不定。

III

第三章

自卑感與優越感

Feeling of
Inferiority
Superiority

正是這種對優越感的追求激勵著每個人，
它是人類對社會產生貢獻的泉源。
人類的偉大進程都是循著這一路線前進的——
從下到上、從失敗到成功、從缺陷到完滿。
然而，真正能夠應付並主宰其生活的人，
唯有那些在奮鬥中依然表現利他傾向的人，
他們超越前進的方式使所有人都能受益。

自卑情結

如果我們保持勇氣，用簡單實際的方法改變我們的生活，就可以慢慢消除心中的自卑感。

眾人皆知個體心理學的重大發現之一是「自卑情結」[1]（Inferiority Complex），也有很多學派都在使用這一名稱，並將其應用於實踐。但是，我不肯定他們對這一名詞是否使用恰當或充分了解。例如，醫生告訴病人：「自卑沒有任何益處。」那這個人的自卑感反而會越來越重，無法達到克服自卑之目的。我們應該找到這個人對人生態度的錯誤之處，並在他缺乏勇氣時給予鼓勵。

精神病患者皆有自卑情結，但我們不能根據有無自卑情結區分精神病患者和其他病患。我們只能從對生活的失望感、努力和活動受到限制的程度區分精神病患者。而且，如果我們只對精神病患者說：「我知道你正遭受自卑的折磨。」這根本沒有任何作用，更無法給予他勇氣。這就像對一個正在頭痛的患者說：「我知道你有頭痛的病症。」

如果詢問那些精神病患者是否感到自卑，很多人都會說：「沒有。」甚至有的人會說：「恰恰相反，我覺得我比旁人都優秀。」其實，我們根本沒有必要提出這樣的問題，我們只須觀察此人的言行舉止，就可以看出他正使用什麼方法彰顯自己的不可一世。例如，當我們看到一個傲氣十足的人，就可以猜出此人的想法為「不要輕視我，我要讓你們看看我有多麼強大」。如果他在說話時總是對旁人指指點點，那我們可以認為，他覺得「不這麼說話是沒有人會相信我的」。

事實上，這些自以為是的人心中都隱藏著自卑感。就像那些矮小的人走路常常踮著腳尖一樣，這樣會讓自己看起來「好像」比較高。也像兩個孩子正在比較身高，害怕比不過對方的孩子常常挺直軀幹，盡量讓自己看起來高一點。如果我們問他：「你是不是覺得自己不夠高呢？」他肯定不會承認。

所以，我們不能認為表現安靜、乖巧、穩重的人就是自卑的人。表現自卑感的方式五花八門，我舉個例子加以說明。

有三個孩子第一次去動物園，當他們站在關著獅子的鐵籠面前時，老大嚇得躲在媽媽身後，說：「我要回家。」老二原地不動，臉色蒼白，渾身顫抖，但嘴上卻說：「我一點都不怕牠。」老三則瞪著獅子說：「媽媽，我可以向牠吐口水嗎？」其實，這三個孩子都很害怕，但卻是以不同的方式表現，這就是由他們的人生態度所決定。

每個人的心中都具有不同程度的自卑感，因為我們都希望可以改進自己現在所處的地位。如果我們保持勇氣，用簡單實際的方法改變我們的生活，就可以慢慢消除心中的自卑感。沒有任何一個人可以長期處於自卑的狀態，那將使他難以承受，所以每個人都必須找到解決自卑感的合理辦法。如果有一個人失去了自信心，不再腳踏實地改變自己的生活，但他仍不願意被自卑困擾，仍然時時刻刻冀望擺脫自卑。那麼，縱使他的目的仍是克服所有困難，但他卻不會再為之繼續努力，反而是尋求一種自我安慰，甚至強迫自己產生優越感。這麼做不但無法消除自卑，反而會使心中的自卑情結越來越強烈。因為這個方法只是治標不治本，他所邁出的每一步都是自欺欺人，所以這些問題也會緊緊跟隨著他，以至於造成壓力越來越大。

如果我們只看他的行動而沒有試圖了解其內在意義，就會認為這種行動沒有任何目的性。我們無法從他的行為中看出改變自己的動機，我們看到的是，他和其他人一樣極力爭取充實感，但卻對改變自身處境沒有抱持任何希望。

當他感到軟弱時，就會跑到能讓自己看似強大的環境中。他使自己變強大的方法並不是鍛煉自己或充實自己，而是讓自己覺得自己不可一世。不過這種方法顯然沒有任何效果，如果在工作中遇到無法解決的問題，他就會將氣出在家人身上，以此證明自己依然優秀。但是，不管他如何自欺欺人，客觀事實終究無法改變，心中的自卑感也不會減少絲毫。久而久之，他的自卑感就會成為潛藏在心底的暗流，我們將這種情形稱為「自卑情結」。

總的來說，我可以為自卑情結定下一個明確定義：當一個人遇到他無法應付的問題，且深信自己無法解決時，就會產生自卑情結。不管是憤慨、淚水或歉意其實都是自卑的一種表現，因為自卑感會帶來巨大壓力，所以他們便試圖透過優越感釋放自己，但這種方法通常無濟於事。他們往往將真正需要解決的問題擱置一旁，從其他枝微末節的小事中尋求優越感。他們會限制自己的行動，避開導致失敗的因素，而不是勇敢向前，爭取成功。在困難面前，他們常常表現出猶豫不定、不知所措、畏畏縮縮的樣子。

我們可以在廣場焦慮症患者身上發現這種情形，他們心中一直認為：「我必須待在熟悉的環境中，不能走遠。生活中有太多危險，我必須躲避。」如果患者的心中一直存在這種思想，他就會把自己一直關在房間裡，不肯出門甚至不肯下床。

在面對困難時，最強烈的退縮行為就是自殺，代表這個人已經放棄解決問題，且表現得無能為力。如果將自殺視為一種譴責或報復的話，我們也可以認為自殺的人同樣在爭取某種優越感。選擇自殺的人總是把責任推給旁人，他們好像在告訴別人：「我那麼敏感脆弱，但你們卻殘忍地傷害我。」

從某種程度上來說，幾乎每個患有精神疾病的人都會限制自己的活動範圍，避免與外界接觸。他們試圖避開人生中的三大課題（職業、交際和性別），讓自己生活在自己可以掌控的範圍內。他為自己築起一間「密室」，獨自過著遠離世事的生活。他還會根據自己的經驗選擇使用恐嚇或哭訴的方法統治自己的領地，總而言之，他們會選擇最有效的手段。如果某一種辦法無效，那他就會轉而選擇另一種，但目的都是相同的——獲得優越感，而不是設法改變自己的處境。

例如，當那些沒有足夠能力的孩子發現「眼淚」可以為他爭取一切時，便會濫用哭泣，而這種孩子在日後很有可能罹患憂鬱症。我們稱眼淚和抱怨為「水性的力量」（Water power），是破壞和諧、支配他人的一種有效手段。這種人和過度害羞、忸怩作態以及有罪惡感的人一樣，很容易就可以從他們的外在舉止看出自卑情結。他們默認了自己的軟弱，並且與軟弱妥協，他們隱藏心中超越一切、好高騖遠的目標，還有不惜任何代價都要凌駕他人的決心。相反的，一個喜歡吹噓的孩子，在初見時即會表現出優越情結，但如果我們觀察他的行為、不理會他的話語，那就可以發現他只是不承認自己的自卑情結。

另外，伊底帕斯情結[2]（Oedipus Complex）也是精神疾病的一種特殊表現。如果一個人無法在外隨心所欲地應付愛情問題，那他便無法成功地解決此問題。他只能把自己局限在家庭的「小城堡」中，我們也就可以理解為什麼他總是在這個範圍之內解決自己的性慾問題了。因為缺乏安全感，所以他從不會對陌生人產生興趣，因為他已經習慣於在自己的範圍內掌控他人，所以害怕控制不了這一範圍之外的人。有伊底帕斯情結的孩子通常過度受寵，他們從小到大都認為自己的願望就是必須執行的法律。所以他們從來沒有想過憑著自己的努力，到家庭之外的範圍贏得愛情。即使長大成人，他也只能與母親綁在一起。在愛情的世界裡，他們想找的並不是平等的愛人，而是一個可以供他奴役的僕人，而他最忠實的僕人就是自己的母親。如果母親對孩子過度寵愛，不讓他關注旁人，也不讓他與父親相處，那麼就會產生伊底帕斯情結。

精神病患者的身上有一大特徵——行為受限。結巴的人在講話時總是猶豫不決，他們想與人交流，但因為自卑情結，總害怕旁人不理會他，所以說話時遲疑不決。那些在學校裡學習成績較差的學生、邁入中年卻仍找不到工作的人、害怕談婚論嫁的人、強迫自己重複單一動作的精神病患者、總是精神不振的失眠症患者，他們都表現出某種自卑情結，致使他們無法解決生活中的問題。自慰、早洩、陽痿或性偏離的人在接近異性時，都表現出由於害怕自己行為不當而造成猶疑不決的態度。如果詢問他們：「為什麼害怕你的行為不當呢？」這個問題的唯一答案就是：「因為這些人總是把自己的成功目標訂得太高了。」

我曾提到，自卑情結並非只有壞處，它亦可促使人類改變自身處境。例如，唯有意識到自己的無知，人類才可以做好準備、迎接未來，才能夠促使科學日新月異。自卑情結讓我們試圖改變自己的生存狀況，進一步了解宇宙，不斷開拓生存環境。的確，人類文化的基礎就是擁有自卑感。若我們假設有一個外星人來到地球，那他們一定會說：「地球人總是努力開辦各種協會、機構，盡力求取安全，為了避雨蓋房子、為了保暖穿衣服、為了方便鋪設道路。很明顯地，他們一定覺得自己是地球上最脆弱的群體。」從某種程度上來說，事實的確如此，我們不如獅子和猩猩力量強大，也不像許多動物一樣具有自我保護的本能。雖然也有許多動物成群結隊地群居生活，以彌補個體的軟弱，但人類卻比我們在世界上所發現的任何動物，都需要更多以及更深入的合作。

我們都知道嬰兒的身體很脆弱，人類的幼兒時期都需要旁人長時間地精心照料。正因為每一個生命都是從脆弱的時候開始，所以人類如果不與彼此合作，那就只能任由環境擺布。由此我們可以很容易地明白，如果孩子不在合作中鍛煉自己，就會走向悲觀之途，並且形成根深蒂固的自卑情結。人生的旅途中會遭遇接連不斷的挫折，即使是非常善於合作的人也會遇到各種難題，沒有人會認為自己已超越世上所有人、已主宰世界的一切。人類的身體十分脆弱，生命亦十分短暫，但仍必須不斷豐富和補足人生的三大課題。我們可以先找到一個暫時的答案，但絕不可以滿足於現有的成就。無論如何，人們都應持續努力，而努力的前提則是與他人合作，這樣的奮鬥才有意義、有希望，才能改變人類共有的世界。

人類永遠無法達到自己的終極目標，我想這是沒有人懷疑的。如果某個人或人類已達到生活不存在任何困難的境地，未來的一切都可以被預料，任何事都可以提前預備，這樣的生活就會變得索然無味。如果未來不會出現任何出人意料的事，那我們還有什麼可以期待的呢？事實上，正是生活的不確定性而引起人類的興趣。如果我們對任何事都一清二楚，所有渴望了解的事都已經知道了，那探索和發現還有存在的必要嗎？到了那個時候，科學也就走向終點，環繞著我們的宇宙也只是值得述說一次的無聊故事。曾經讓我們暢像未曾獲致的目標而給予我們許多愉悅的藝術與宗教，也不再具有任何意義。幸好，生活並非如此容易消耗殆盡。人類的奮鬥持續未斷，我們也總能夠不停地發現新的問題，並積極合作為社會貢獻。

然而，精神病患者在成長之初就遭遇阻礙。他們只能從表面解決人生的各種難題，治標不治本，所以面臨的困難反而更多。正常人會合理地解決某一問題，然後再去面對另一個問題，轉而找到新的辦法。如此一來，他們也就為社會做出了貢獻。正常人不甘心居於人後，不想成為他人的負擔，也不需要旁人特殊照顧，他們可以依自己的人生態度和對社會的認知勇敢行事，獨立解決問題。

註❶自卑情結 Inferiority Complex

阿德勒認為每個人都有不同程度的自卑感，因為我們都希望能夠對自己所在的地位有所改善。當我們感到自卑時，就會奮而追求成就以克服這種自卑感。自卑感本身並不是病態，相反的，它是人類增進地位的原因，也是所有人類文化進展的基礎。但是，當自卑感阻礙了追求成就，或是擴大到令人無法忍受的程度時，就會形成自卑情結。阿德勒認為自卑情結是一種過度的自卑感，它會使人尋求輕易獲得的補償或欺騙自己的滿足，同時也誇大困難、喪失勇氣，堵塞通往成功的道路。例如，當一人面對是否要離職的生涯問題時，他感到無力且表示無法做出決定以解決這個問題，即自卑情結。

註❷伊底帕斯情結 Oedipus Complex

又稱為戀母情結，指兒子戀母仇父的複合情結，是佛洛伊德所主張的一種觀點。佛洛伊德在精神病患者身上發現，對父母一方的強烈忌妒會產生一種破壞力，這種破壞力能夠產生恐懼，並因此對人格的形成和人際關係產生永久性的困擾和影響。佛洛伊德於《圖騰與禁忌》一書中提出，男孩早期的性追求對象是其母親，他總想占據父親的位置，與自己的父親爭奪母親的愛情，也就是戀母情結。佛洛伊德認為戀母情結是人格發展的一個重要因素，並用於解釋文化與社會的起源。

優越感的追求

我們便能設身處地，同情他們的掙扎，他們所犯的唯一錯誤就是他們的努力都指向了生命中毫無用處的一面。

每個人都有追求的優越感[1]目標，且這個目標是個人獨有的。它取決於每一個人的人生意義，這種意義並非只是表面工夫，而是體現在一個人的人生態度之中，就像一首貫穿一生的自創美妙樂曲。但在人生的過程中，這個目標並不會被直白地表現出來，我們只能從它所提供的線索中慢慢尋找。想要了解一個人的人生態度，就像解讀一位詩人的作品。詩歌的文字不多但意義深遠，唯有運用直覺和深入研究才可以推敲出其中含義。對於深奧、複雜的人生哲理，心理學家也需要像解讀詩歌一般，從其字裡行間推敲、品讀人生的價值。除此之外，別無他法。

在生命開始的最初四、五年間，個體會逐漸探索出人生的意義，但那並不是透過數學般的精密計算，而是暗中摸索。我們就像盲人摸象一樣在世界中探索，從局部事物開始一點點地認識，然後做出相應的解讀。人類對於優越感的追求一樣是自暗中摸索而出，優越感是我們的一種追求，也是一種動力，而不是被繪於航海圖上的靜止一點。沒有人能夠明確說出自己的優越感目標是什麼，也許他有自己的職業目標，但那只是人生目標中的一部分。即使有了確定的目標，每個人通往目標的路途也各不相同。例如，有一個人想成為醫生，但作為醫生必須具備許多素養，他不但要有專業知識，還要擁有一顆和善仁慈的心。若想了解一個人是否擁有一顆和善仁慈的心，也就是對他人關心的程度，就要觀察他要求自己幫助他人到什麼程度。

每一個人的職業其實就是這個人對自己自卑感的補償，而我們還可以從他的工作以及領域成就中推測出他欲補償的自卑感。

例如，很多醫生在幼年時都耳聞或目睹死亡事例，這件事情讓他們感到人生是沒有安全感的。也許是他們的兄弟姐妹或父母死去，激發了他努力學醫的決心，以找到一種與死亡相抗衡的方法。有人希望成為一位老師，但老師也有許多類型。如果一個老師的素質修養很低，那他便會透過擔任老師讓自己獲得優越感。因為唯有和那些比他弱小或經驗不足的人在一起，他才會有安全感。但那些擁有高素質修養的老師則會平等地對待學生，為人類做出貢獻。在此，我必須特別強調，老師之間不僅有能力和興趣的差異，他們心中的目標對行為也有很大的影響。

當目標被具體化後，個人就會限制其潛能以適應目標。不管在任何情況下，目標通常都是不會改變的，人們會在這些限制下找到某種正確的方法表達人生的價值，並獲得最終理想的優越感。

所以，我們不能只看人們的表象，就像一個人可以隨意調換工作一樣，他也可以輕易改變他的某一個目標。我們必須尋找其潛在的一致性，並試圖探索其性格整體。不管以何種方式表現，人的性格都是固定不變的。就像我們拿到一個不規則三角形，當我們將它放在不同位置或以不同角度觀察它時，會覺得它似乎有所變化，但是它始終是原來的那個三角形。人的性格也與此相同，我們無法從某個方面的行為舉止判定其整體性格，但可以觀察他的各種行為表現，發現其廬山真面目。

我們不可能對一個人說：「如果你獲得某一方面的成功，你就獲得了人生的優越感。」其實，人類追求優越感的過程是非常彈性的，一個身體健康、精神狀態的正常人，在遇到某方面的困難時，便能另外尋求新的解決辦法。但精神病患者就只認定一個目標，並且認為：「我就認定這個目標，其他都不行。」

我們不會輕率地評價優越感中的特殊情況，但是我們卻可以發現這些特殊行為都有一個共同的目標，那就是希望成為人上之人。我們有時會在孩子口中聽到這樣的話：「我想要成為上帝。」很多哲學家也有同樣的想法，老師亦希望培養孩子成為人上人。在古老的宗教中，這種目標更是顯而易見——教徒們必須以某種方法修煉，使自己成為超凡脫俗的聖人，而「聖人」其實也隱含著上帝的意思。尼采[2]（Nietzsche）晚年精神狀況不穩定時，曾寫信給史特林堡[3]（Strindberg），署名為「被釘在十字架上的人」，由此可見其思想中也有想要成為神的理念。

精神病患者常常很直白地表達自己想成為神的願望，他們會說「我是拿破崙」或「我是皇帝」。因為他們想成為眾人矚目的焦點，想成為眾人膜拜的對象，想成為世界的主宰，他們希望自己擁有預測未來的超凡能力。

無論我們希望讓自己永生於世，或是想像自己能夠經過許多次輪迴，再一次又一次地回到人間，或是預見自己能夠在另一個世界中永存不朽，這些想法都是以「成為神的慾望」為基礎。在宗教思想中，唯有神是永不滅亡的，祂可以歷經世世代代而永生。我們暫且不討論這種說法的對或錯，這種想法是對人生的解讀，是一種人生價值。而人們也以各種不同的方式採納這種價值——成為神，希望自己像上帝一樣。總而言之，我們可以發現，這其實就是一種強烈的優越感目標。

一旦一個人確定了自己所追求的目標，那他的人生態度就會據此改變，所有行為也會與這一目標相一致。不論自身的行為習慣正確與否，他都會遵循這一人生目標。那些問題兒童、精神病患者、酗酒者、犯罪者、性偏離者的生活方式，與他們所追求的目標亦相一致。所以，若我們只是指出他們的錯誤行為，並不會產生任何效果，因為他們的人生目標就是如此，行為態度也必然與其相應。

有一次，老師問一個全校最懶惰的男孩：「為什麼你的成績總是那麼差呢？」他說：「如果我是全班最懶惰的孩子，那你就會把所有注意力放在我身上。你看，你就很少注意那些上課安靜、按時完成作業的好學生吧！」

他的目的就是吸引老師的目光，而「懶惰」偏偏達到了他想要的目標，所以他也就覺得自己不需要改正這個習慣了，懶惰反而成就他的願望。從這一角度來說，這個男孩並沒有任何錯誤，如果他改掉自己的習慣，反而就是一個笨蛋了。

還有一個孩子，在家裡很老實，甚至略顯遲鈍笨拙，在學校成績也不好。他有一個年長兩歲的哥哥，既聰明又活潑，人生態度與他全然不同，但卻總是因為行為魯莽而惹上麻煩。有一次，旁人聽到弟弟對哥哥說：「我寧可笨一點，也不要像你那樣魯莽。」

如果我們了解弟弟的做法其實是在避免麻煩，那就會發現他的愚笨反而是智慧的表現。因為弟弟天生愚笨，所以旁人不會對他有過高的要求，即使做錯事也不會有人訓斥。從這一目的來看，弟弟並不是真的愚笨，而是偽裝的。

直至今日，一般的治療目的都是消除病症。但無論從醫學的角度或教育的觀點來看，個體心理學都不贊成這種做法。如果有一個孩子的數理成績很差，而我們只注意到「成績很差」這一問題，並試圖改變他的特殊行為，那是完全沒有用的。也許他的目的就是使老師困擾，或使自己被開除以逃避學校。

如果我們只糾正「成績很差」，那他反而會另找新途徑以達成他的目標。

這類孩子和精神病患者非常相似。如果一個人時常偏頭痛[4]（Migraine），那他就會把頭痛視為擺脫問題的辦法。當他遇到無法解決的難題時，頭痛就可以使他躲避很多人生問題。當他被迫接觸陌生人或做決定時，頭痛的症狀就會立刻出現。同樣的，頭痛還能成為他對同事、另一半、家人亂發脾氣的藉口。一個人怎麼可能會放棄這麼有效的方法呢？從他的觀點來看，頭痛是一筆不可多得的財富，可以讓他得到想要的一切。難怪當醫生說頭痛也有可能致命的時候，他的頭就馬上不痛了；就如同那些害怕上戰場的士兵們一樣，在受到電擊或看到軍事演習時，病症馬上就消失了。藥物或許可以緩解他的症狀，也可能可以讓他放棄利用頭痛達到自己的目的，但如果目的不變，他依然會繼續利用其他病症達到目標。當偏頭痛痊癒之後，失眠或其他病症將接踵而來，只要他沒有改變最初的目的，那他的病症就會接連不斷地出現。

有的精神病患者會快速「治癒」某種病症，然後又為自己添上一種新病。這些人是精神病患者中的老手，他們不斷地為自己添加病症。如果我們拿心理治療的書籍給他們，那無疑是讓他們了解更多他們還未曾體驗的病症。所以，我們必須找到他選擇這一病症之目的，以及這一目的和其背後獲取優越感的關聯性。

如果我在教室中找來一個梯子，爬上黑板頂端並坐下來，旁人一定會說：「阿德勒博士瘋了吧！」他們不知道我拿梯子的原因，也不明白我為什麼要爬上去坐在那個不舒服的地方。但是，一旦他們知道其中的原因，也就不再覺得我的舉動有多瘋狂了。「因為阿德勒博士有自卑感，所以才坐到黑板上。唯有當他身材高大、能夠俯視全班學生的時候，才有安全感」，為了達到這一目的，我找了一個我認為最好的方法。如果其他人明白我的目的，那自然覺得我拿梯子、爬上黑板是一件合情合理的事了。

除非有人告訴我，我的目標太荒謬了，否則我永遠都不會放棄自己的做法。如果我的目標沒有改變，那當別人拿走我的梯子時，我就會繼續拿椅子往上爬；如果椅子也被拿走，那我就會運用自己的力量跳高、攀爬、踮腳。那些精神病患者也是一樣的，所以他們的行為並沒有錯，也無須受到指責。我建議應該改變他們的目標，因為唯有當他們的目標改變時，他們的思維和態度才會真正轉變。這時，從前那些不符合社會期待的行為和思想也就不再符合新的目標，就會產生新的行為、新的思想。

接下來，我分享一個中年婦女的案例。她說自己的內心十分焦慮，她沒有朋友，無法養活自己，只能靠著家中的接濟生活。她曾做過祕書那類的小職員，但是因為那些老闆常常向她求愛，她為了避開麻煩只好辭職。在某一份工作中，終於遇到一位對她沒有興趣的老闆，但是她卻認為這是對她的蔑視，於是再度憤而辭職。在她接受心理治療的八年間，我認為治療對她並沒有什麼作用，她仍無法展開人際關係，也沒有找到適當的工作。

在治療期間，我不斷詢問她的童年。因為如果不了解一個人的童年，也就無法了解一個人的現在。她是家中最小的孩子，天生麗質，備受寵愛。她的家庭條件很好，幾乎要什麼父母就給什麼。聽到這裡，我忍不住問道：「那你不就像公主一樣嗎？」她說：「是啊！他們之前就叫我公主……。」後來，我問到她的最初記憶，她說：「我記得四歲的時候，有一天我跑出家門，看到許多孩子在玩遊戲。他們一邊跳一邊說：『巫婆來了！』我被嚇壞了。回到家後，我問和我生活在一起的女傭：『世界上真的有巫婆存在嗎？』她說：『是的，有巫婆、小偷，還有強盜，他們都會跟著你。』」

從那以後，她就非常害怕一個人獨處，並將這種恐懼擴及整個人生。她認為自己沒有能力離開家庭，她的家人必須照顧她的生活。還有一段早期回憶，她說：

「有一天，我正與一位男鋼琴老師學琴，但他突然想吻我，所以我立即停止彈琴，並跑出去告訴媽媽。從此，我就對鋼琴沒有任何興趣了。」從這段回憶中我們可以看出，她有意與男性保持距離的原因。於是，她在性方面的發展也都遵循著避免發生愛情糾葛的目標而行，因為她認為談戀愛是一種軟弱的表現。

我想特別強調，很多人在戀愛之後會覺得自己變得脆弱，其實從某種程度上來說這是非常正常的。戀愛中的我們會變得溫柔，並且對另一半的愛慕也會讓我們較容易受到傷害。但是，當一個人認為自己永遠是強者、永遠不坦白自己的感情時，他就會閃躲愛情中的相互依賴關係。這樣的人並沒有做好戀愛的準備，也無法接受愛情。我們可以發現，這種人如果察覺自己有墜入情網的危險時，便會迅速毀掉這段感情。而且，他們還會挖苦或嘲諷讓他們陷入愛情的人，並以這種方法擺脫自己內心的脆弱。

而這個女孩也正是如此，當她在面對愛情和婚姻時就會變得脆弱。所以，在職場上有男性向她示愛時，她就會心生恐懼，只想馬上逃走。不幸的是，當她仍未學會如何應付這些問題時，她的父母相繼去世，「公主」般的待遇突然消失了。而她還是希望倚靠著某人幫自己打理生活，但情況已不像從前那樣順利了。不久之後，她的親戚們開始厭倦照顧她，沒有人再關心她。她很生氣地責備那些人，說：「你們知道讓我一個人孤單地生活有多危險嗎？」她靠著責備才勉為其難地生存下去。

我想，如果所有親戚都拋棄她，那她一定會發瘋吧！她獲得優越感的唯一方法就是強迫家人供養她，並幫她解決生活中的困難。她常常有這樣的想法：「我不屬於這個星球，我是另一個星球的人，我在那裡是一位公主。這個星球的人不理解我，也不知道我有多麼重要。」如果再這樣下去，她一定會被精神疾病所困擾。幸好，她還有僅存的一點資本和親戚們的救濟，所以沒有走到最後一步。

我還想再舉一個例子，這個案例可以讓大家更了解自卑情結和優越感的問題。我治療了一位十六歲的少女，她在六、七歲時便開始偷竊，十二歲起就常常和其他男孩子們徹夜不歸。在她兩歲的時候父母離異，母親帶著她到外婆家同住，而外婆非常寵愛她。在她出生的時候，父母的關係就已降到冰點，所以母親根本沒有關注過她，甚至非常討厭這個女兒。

我見到這個女孩時，試圖與她友好地交談，她說：「其實我並不喜歡偷東西，也不喜歡和男孩子混在一起，我做的這一切就是為了讓媽媽看到，我要讓她知道她無法束縛我。」

「所以你這樣做完全是為了報復？」我問道。

她說：「我想應該是這樣的。」

她一直想證明自己比母親強大，但是一旦她的心中產生了這一目標，那就證明她還是沒有比母親強大。因為她的母親不喜歡她，所以她有著一種自卑情結，她認為唯有製造麻煩才能證明自己的優越感。其實，年幼孩子的偷盜行為和那些少年犯，大都是出於報復心理。

有一個十五歲的女孩在失蹤八天之後，被帶到法庭上。她在法庭上編造了一個故事，聲稱自己被一個男人綁架，那個男人將她關在房間裡整整八天，但沒有任何人相信她所說的話。醫生私下與她聊天，試圖讓她說出實話，她反而很生氣地問醫生為什麼不相信她，並且打了醫生一記耳光。當我見到她時，我詢問她對於未來的打算，我讓她了解我只是想關心她日後的生活、只想提供她些許幫助。我讓她將自己做的夢告訴我，她笑了笑，為我講了一個這樣的夢：「我在一個酒吧裡，當我打算從裡面出來的時候，我看見了媽媽。一會兒之後，爸爸也出現了，我請求媽媽把我藏起來，不要讓爸爸看到我。」

我們可以從中看出，她很害怕自己的爸爸，並常常與他為敵。她可能常常受到父親的責罰，所以為了不被懲罰，她就學會了說謊。當我們面對說謊的案例時，一定要觀察其背後是否有一對嚴厲的父母。因為，除非說真話會帶來危險，否則說謊對一個人而言是沒有任何意義的。

從另一方面我們可以看出，這個女孩和母親之間有著一定的合作關係。後來，她向我坦言，有人引誘她到一個酒吧中，她在那裡待了八天。但因為對父親的懼怕，導致她不敢講出真話，但她又想讓父親知道這件事，以顯示自己的優越感。因為她一直受到父親的壓制，唯有在傷害自己的父親時，她才能有占上風的感覺。

對於那些使用錯誤方法尋求優越感的人，我們應該提供什麼樣的幫助呢？如果我們知道每個人都有追求優越感的本能，那就不難理解這一問題了。我們便能設身處地，同情他們的掙扎，他們所犯的唯一錯誤就是他們的努力都指向了生命中毫無用處的一面。

其實，正是這種對優越感的追求激勵著我們每個人，它是人類對社會產生貢獻的泉源。人類的偉大進程都是循著這一路線前進的——從下到上、從失敗到成功、從缺陷到完滿。然而，真正能夠應付並主宰其生活的人，唯有那些在奮鬥過程中依然表現出利他傾向的人，他們超越前進的方式使所有人都能受益。

如果我們按照這種正確的方法引導他們，就很容易說服他們。人類對價值和成功的判斷總是以合作為基礎，這是人類最偉大的共同點。我們對行為、理想、目標和行動的要求，都是為了促進人類的合作。我們絕不可能發現一個完全缺乏社會情感的人，就連神經病患者和罪犯也同樣了解這一點，我們可以從他們拼命想替自己的生活方式找出適合的理由，並推卸責任的行為中看出來。但他們已不具備正常人的勇氣，自卑感不斷告訴他們：「你無法與他人合作。」他們偏離了人生的正確軌道，拋棄了現實，沉浸在一種虛幻的自我安慰之中。

在人類的分工中，有許多不同的人生目標。每一個目標都存在著某些錯誤，我們總能從其中找到一些漏洞，但人類需要的正是不同類型的人才。有的孩子可能對數學有極大的興趣，有的孩子可能對美術更有天賦，還有孩子的體力超越他人。對於一個消化系統有問題的孩子來說，他可能會關注營養方面的問題，對食物有著極大的興趣，因為他認為這可以改善自己的情況，最後也許會成為廚師或營養師。另外，我們還可以發現，當對自身缺陷進行補償的同時，也許會在其他方面產生某些限制。例如，一位哲學家必須遠離社會才能安靜地思考和寫作，但如果他所追求的優越感中亦包含社會責任感，那他就不會犯下太大的錯誤。

註❶優越感

指顯示蔑視或自負的性質或狀態，是一種自我意識。大多數人都會不同程度地擁有某種優越感，例如職業優越感、長相優越感等。一般指自以為在生理方面（體形、相貌、體力等）、心理方面（智力、知識、技能等），以及其他方面優於別人、強於別人的心理狀態。阿德勒認為人類的生存目標就是追求優越感，終其一生都是為了擺脫自卑感以求得到優越感。他將人類的整個生命動機作用歸結於擺脫自卑感的補償作用，認為優越感就是想盡辦法追求權力，企圖凌駕於他人之上的願望。具有優越感的人常常容易以不適當的方式，如高傲、固執、自我欣賞等，表現出自己的心理狀態。

註❷尼采 Nietzsche

德國著名語言學家、哲學家、文化評論家、詩人、作曲家，他的著作對於宗教、道德、現代文化、哲學，以及科學等領域皆提出廣泛的批判和討論。他的寫作風格獨特，經常使用格言和悖論技巧，對於後代哲學的發展影響極大，尤其是存在主義與後現代主義。在開始研究哲學之前，尼采是文字學家。二十四歲時，尼采就已成為瑞士巴塞爾大學的德語區古典語文學教授，專攻古希臘語、拉丁文獻。但在西元一八七九年因為健康問題而辭職，之後便飽受精神疾病煎熬。西元一八八九年，尼采精神崩潰，從此再也沒有恢復，在母親和妹妹的照料下直到去世。

註❸史特林堡 August Strindberg

瑞典作家、劇作家和畫家，被稱為現代戲劇創始人之一。史特林堡是一位多產的作家，在其四十餘年的創作生涯裡，他共撰寫六十多部戲劇和三十多部著作，其著作涵蓋範圍有小說、歷史、自傳、政治和文化賞析等。作為一個大膽且以顛覆傳統為一貫作風的創作家，他透過自我摸索習得戲劇性描寫方法和其廣泛用途，他的作品著重表現自然主義和表現主義。

註❹偏頭痛 Migraine

一種反覆出現輕度或重度頭痛的慢性疾病，通常伴有各種自主神經系統症狀。這種頭痛大部分為單側性質（僅涉及一側頭部），並伴有搏動，可持續二到七十二小時。相關症狀可能包括噁心、嘔吐、對光線敏感、對聲音敏感，且肢體活動會加重疼痛的感覺。

IV

第四章

早期記憶

Early Memories

在各種記憶中，
最需要注意的是講故事的方式和最早的記憶。
最早的記憶能夠說明一個人的人生觀，
這是其人生態度的雛形，
也可以讓我們看出這個人自身發展的出發點。
如果我們不知道一個人的早期記憶，
也就無法了解其真正的性格。

個性塑造

這些遺留下來的行爲表現就像一個活生生的人，爲我們講述過去那個異彩紛呈的世界。

人類對優越感的本能追求是決定整體性格的關鍵因素，也就是說，努力達到優越地位的這一想法是人格的關鍵，所以在每個人的心靈中都可以發現這種追求。了解這一點後，我們便可以歸納出兩方面幫助我們了解自己對人生的態度。

首先，若從人類的任何一種行為入手進行研究，那我們便可以發現每一種表現都引入同一個方向——它們都能顯現出可作為人格核心的動機。其次，我們還可以研究大量供參考資料中的每字、每句，那都有助於我們了解人格。當然，個體每一次在倉促之下做出的決定或評價都會產生不少錯誤，但這些錯誤可以從之後的千萬次表現中糾正。所以，我們不能只看單一一種行為，而是應該將行為放在整體中觀察，才能確定行為本身的意義。但每一種表現都會反映出同一種事實，每一種表現都將我們引向同一個答案。

我們就像考古學家一樣，在陶瓷瓦片、斷壁殘垣、古老工具、破損墓碑和殘缺古書中尋找那些已消失的城市印跡。然而我們研究的並不是已經逝去的歷史，而是與我們息息相關的生活。這些遺留下來的行為表現就像一個活生生的人，為我們講述過去那個異彩紛呈的世界。

想要了解一個人並不容易，也許個體心理學是在所有心理學中最難學習和運用的。我們必須了解一個人的整體性格，且從始至終抱持懷疑的態度，直到破解問題。我們必須從枝微末節中尋找線索，例如一個人走入房間的方式，他打招呼、握手、微笑或走路的姿態等等。

也許我們會在某一方面出現差錯，但卻可以透過對其他方面的了解加以糾正。治療，實際上就是對於合作的運用和檢驗，唯有當我們真正關注他人，才可以使自己的工作近乎完美。我們必須設身處地為他人著想，患者也需要積極配合，以便於進一步研究與探索。我們必須將患者的態度和他所困擾的問題放在一起研究，當我們已經了解患者的時候，並不證明我們就是對的，除非他也已了解自己。不能放諸四海皆準的真理，就不是真正的真理，它顯示出我們的了解還不夠。

也許是因為不知道這一點，心理學的其他學派才提出「正向移情和負向移情」❶（Negative and positive transference）的概念，然而個體心理學卻從不這樣分類。因為縱容一個嬌慣成性的病人，也許很容易贏得他的好感，但只會讓他的控制慾更加強烈。而後，只要稍有怠慢或忽視，他定會與你為敵。他會馬上停止治療，即使繼續接受治療，其目的也只是為了證明自己是對的，並讓他人失望。用縱容或忽視的方法根本無法幫助患者，唯一有效的方法就是讓他將注意力放在他人身上，沒有任何一種方法比這更真實、客觀的了。為了患者自己的幸福，也是為了旁人的利益，我們必須和他合作尋找他的困難。出於這一目的的考慮，我們便不會冒險等待「轉移」現象，或是搬出權威的姿態，或是讓他繼續依賴他人、對他人不負責任。

在人類的精神世界中，唯有記憶可以透露人的真情。記憶就像他的影子，時刻提醒著其自身的限制和環境的意義。記憶並不是偶然存在的，每個人都會從自己的記憶中找出他認為有用的東西進行保存，不管其清晰與否，這些記憶也就成為這個人的「人生故事」。他用這些記憶告誡或提醒自己，使自己全身心地投入人生目標中，並且利用過去的經驗讓自己以一種成熟的態度迎接未來。在日常生活中，我們可以很清楚地觀察人們如何運用記憶平衡情緒。當一個人遇到困難而變得沮喪時，就會想起以前的挫折。如果他憂鬱成性，他的所有記憶中就會充斥著悲傷；如果他是愉悅、勇敢的，那記憶定然大不相同。當他想起快樂的事時，就能夠堅定自己的樂觀態度，而當遇到困難時，他則會喚起各種記憶幫助他擺脫困境。

所以，記憶和夢的作用是一樣的。就像很多人在需要做決定的時候，便會夢到自己曾通過的某次考試。他們將過去的考試視為一種試驗，想再次造就當時成功的心境。在人生態度方面的情緒變化規律，同樣適用於一般的情緒結構和情緒平衡。即使是憂鬱的人，當他想起那些快樂的事情或成功的時刻，也不會再感到那麼憂鬱。如果一個人總是認為「我的一生非常不幸」，並只選擇回憶那些能被他解釋為不幸命運的事件，那他就只能不斷憂鬱。

註❶正向移情和負向移情 Negative and positive transference

移情是精神分析的重要概念之一，最早由佛洛伊德提出。移情是指患者的慾望轉移到諮商師身上而得以實現的過程。心理分析所認為的移情，實際上是患者在童年時對某客體的情感，這個客體尤指父母，在治療過程中轉移到另一個客體或另一個人身上，通常為病患的心理諮商師。「負向移情」為病人憎恨、謾罵醫生；「正向移情」則是病人對諮商師的情感是積極、溫情、仰慕的。在心理分析的治療過程中，還會產生反移情。反移情指的是心理諮商師對患者無意識的移情而產生的無意識反應。

早期記憶的作用

最早的記憶能夠說明一個人的人生觀，這是其人生態度的雛形，也可以讓我們看出這個人是以什麼作爲自身發展的出發點。

人的記憶和生活方式絕不會背道而馳。如果一個人在追求人生目標時，想到的總是「別人都在侮辱我」，那他的記憶中也就會充斥著被人侮辱的事情。隨著人生態度的改變，一個人的記憶範圍也會有所改變。人們會記住不同的事情，或對記憶中的事情產生不同的解釋。

早期記憶是極為重要的。首先，早期記憶顯現形成人生態度的原因以及其最簡單的表達方式。根據一個人的早期記憶我們可以判定：這個人是否曾受家長溺愛或忽視；他的合作能力到達哪一程度；他喜歡與什麼樣的人合作；

他遇到了何種難題以及他的解決方法。在一個先天弱視卻極力想讓自己看清世界的孩子身上，我們可以看到他對視覺的許多印象。在他的回憶中也許會是：「我望向四周……。」或描繪許多顏色和圖案。一個身體有缺陷的孩子則會對跑、跳、玩耍的印象更深。兒時記憶猶新的回憶，一定與一個人感與趣的事物有關，如果我們知道了他的興趣所在，也就可以知道他的人生態度和目標。正因為此，早期記憶在職涯輔導中有著非常重大的價值。

此外，早期記憶還可以讓我們看出這個孩子與父母、兄弟姐妹之間的關係。記憶是否準確並不是最重要的，早期記憶的最大價值在於回憶代表了一個人的判斷。例如，「在我還是孩子的時候，我就是這樣的人了」，或是「在很小的時候，我就知道世界是這個樣子了」。

在各種記憶中，最需要注意的是這個人講故事的方式和最早的記憶。最早的記憶能夠說明一個人的人生觀，這是其人生態度的雛形，也可以讓我們看出這個人是以什麼作為自身發展的出發點。如果我們不知道一個人的早期記憶，也就無法了解其真正的性格。

但是，當被問及早期記憶時，有的人可能拒絕回答，也有的人不知道哪件事是最早的記憶，但這些回應同樣是對性格的某一種揭示。我們可以判斷他們或許是不想讓旁人了解他們的人生態度，或不想與他人合作。不過，一般人通常還是很願意和旁人分享他們的早期記憶。很少有人能夠理解早期記憶的意義，但大部分人都能夠從他們的早期記憶中說出自己生活的目的、自己與他人的關係，並以中立的態度評價周圍環境。事實上，早期記憶濃縮了極為豐富的資訊，值得我們深入探究。例如，我們可以要求班級中的學生寫下他們的早期記憶，如果我們知道如何解釋它們，那我們便有了一份非常有價值的資料。

為了便於理解，以下我將舉例說明幾個早期記憶的例子。除了他們的早期記憶外，我對他們都一無所知，甚至連年齡都不了解。早期記憶的意義應該是可以與這個人的人格核對的，但現在我們只用它們作為訓練之用，以加強我們推測的能力。從早期記憶中，我們必須知道哪些事情是真實的，並且能夠運用一種記憶和另一種互相比較。我們尤其應該看出一個人是否具有合作精神；他是勇氣十足或膽小沮喪；他希望受人支持和被人照顧，或充滿自信且能夠獨立；他喜歡付出或是只懂得接受。

❶「因為我的妹妹……。」我們必須特別注意在最早記憶中出現的那個人。由此我們可以看出此人的妹妹對他的影響很大，妹妹對他的成長造成了巨大陰影。我們可以從他和妹妹之間發現一種敵對的競爭關係，而這種關係一定為他們的成長帶來了很多麻煩。如果一個孩子的心中存有敵意，那麼他對旁人的興趣就會比普通孩子少很多。但我們也不要只看到第一句話就過早

地下結論，也許他和妹妹之間的關係很好。

「因為我和妹妹是家中最小的兩個孩子，所以一直等到她可以上學的時候，我才被送進了學校。」現在，我們可以明顯地感受到他們之間的敵意了。「妹妹妨礙了我的生活，因為她還小所以我不得不等她，她限制了我的成長。」如果這就是這段記憶的真正意義，我們就可以推測出，這個孩子認為「有人妨礙我、限制我就是我人生中最大的危險」。這個孩子很有可能是一個女孩，如果是一個男孩，基本上不會直到妹妹到了上學的年齡才進入學校。

「我們是在同一天進入學校的。」這樣的做法對這個女孩的成長完全沒有益處，這樣會讓她認為「因為我比較年長，所以就必須等待後面的人」。而且，這樣的想法還會被她連結到日後的任何情況之中。她覺得正是因為妹妹，自己才受到了冷落，她更會將這種冷落歸罪於某個人，而這個人很有可能就是她的母親。如果她因此更傾向於父親，希望得到他的寵愛，那也沒什麼值得奇怪的了。

「我至今仍清楚記得母親在我們上學第一天的表現，她逢人便說她如何孤單。她說：『那天下午我多次走出大門，希望女兒早點回來，好像她們永遠都回不來似的。』」這是她第一次提到自己的母親，她眼中的母親非常不理性。「好像她們永遠都回不來似的」，這句話將母愛淋漓盡致地表現出來。這個女孩可以感受到濃濃的母愛，但其中又藏著深深的焦慮和緊張。如果我和這個孩子交流，一定會聽到她說母親是如何寵愛妹妹。但這種偏愛並不值得大驚小怪，因為家中最小的孩子總是會得到較多偏愛。從這一段記憶中我們可以看出，姐姐因為和妹妹的對立，而感覺自己受到限制。在日後的生活中，忌妒和害怕競爭的性格可能會不斷纏繞著她。如果發現她不喜歡比她年輕的女孩，那也不是一件奇怪的事。有些人終其一生都覺得自己太老了，許多忌妒心重的女人甚至覺得自己永遠比不上那些年輕的女孩。

❷「我最初的記憶就是爺爺的葬禮，那時我只有三歲。」這是一個女孩寫下的，她對於死亡的印象非常深刻。這說明什麼呢？她認為死亡是最不安全的事情，是她生命中最大的危險。她從童年的經歷中衍生出這樣的想法：「爺爺也會死去。」或許是因為爺爺對她的過度寵愛。祖父母通常都比較溺愛孫兒輩，因為他們對於教育孩子的責任少於孩子的父母，他們希望時時刻刻待在孩子身邊，並以此表明他們依然能贏得旁人的喜愛。現今的文化很難讓老人感受到自身的價值，所以他們總是喜歡用一些簡單的方法肯定自己的價值，例如喜怒無常。從這一案例中我們可以得出，這個女孩從小深受爺爺的疼愛，這種愛深深地烙印在她的腦海中。所以，爺爺的去世對她打擊很大，一個親密的家人就這樣突然離開了。

「我清楚記得爺爺躺在棺材中的樣子，臉色蒼白，一動也不動。」我不知道應不應該讓一個三歲的孩子看到屍體，尤其是在她沒有任何心理準備的情況下。我曾聽很多孩子說，他們對死亡的印象極深，在日後難以遺忘，這個女孩同樣如此。一般來說，這種孩子在長大後會極力想要擺脫對死亡的恐懼，希望自己成為一名醫生，因為他們覺得醫生比其他人的素質更高，更有機會與死亡抗爭。當問到醫生的最初記憶時，常常含有對死亡的回憶。另外，女孩親眼見到爺爺「躺在棺材中的樣子，臉色蒼白」，由此可見，這個女孩的視覺敏銳，而且喜歡觀察周遭環境。

「後來我們來到了墓地，棺材被慢慢地放下，那些繩子從冷冰冰的棺材中被拉出來。」這一情景更印證了我之前的猜測，她的確是視覺敏銳的女孩。「這段記憶讓我心生恐懼，後來當我聽到有朋友或親人前往另一個世界的時候，內心就會感到非常害怕。」

我們再次看到了死亡留給她的印象，如果有機會和她交流，我一定會問她：「你長大後想做什麼呢？」她的回答可能是醫生。如果她避而不答或有別的答案，我則會加以暗示：「你難道不想成為醫生或是護士嗎？」她提到的「另一個世界」，其實是對內心恐懼的一種補償。

從這段記憶中我們了解到，她的爺爺很疼愛她、她是個視覺敏銳的女孩、死亡在她的腦海中留下了很深的印象。她從經驗中得出一個結論，那就是「我們每一個人早晚都會死亡」。這句話確實是正確的，但在漫漫人生中可以關注的事情並不應僅限於此，在生命中還有很多值得我們注意的事物。

❸「在我三歲的時候，父親……。」這個女孩最先提到了父親，可見她對父親的關注大於母親。對父親的興趣通常發生在發育的第二階段，孩子首先關注的對象一定是自己的母親，因為孩子在一、兩歲的時候和母親是親密

無間的。孩子希望母親時時陪在自己身邊，孩子的精神活動也和母親緊密相連。如果孩子對父親的關注多於母親，這只能說明這位母親並不合格，孩子對母親並不滿意，其中也許是因為有了弟弟或妹妹的緣故。如果她再提到一個比她年幼的孩子，那就可以證實我們的猜測了。

「父親為我們買了一對矮種馬。」

由此可見，這個家中不止一個孩子，我很想了解另一個孩子的情況。

「他牽著韁繩把馬帶了過來，我的姐姐，比我大三歲……。」在此我要承認之前的猜測是錯誤的，她的家庭並不是擁有比她年幼的孩子，而是比她年長的姐姐。也許媽媽更寵愛姐姐，這也就是這個女孩提到父親和那兩匹小馬的原因了。

「姐姐手持韁繩，威風凜凜地騎馬上街。」

這是姐姐勝利的表現。

「我的馬怎麼樣都趕不上姐姐的馬。因為姐姐走在前面，我摔倒了，馬帶著我在前面跑。這本來是勝利的開始，卻落得如此慘敗的下場。」

姐姐勝利了，她出盡了風頭。我們可以肯定地說，這個女孩的心裡想法是：「如果我不小心一點的話，那勝利的人永遠會是姐姐，我只能是失敗者，最後落得一身狼狽。我求取安全的唯一辦法就是勝過姐姐。」至此，我明白了姐姐贏得媽媽寵愛的原因，也知道妹妹更傾向於父親的原因。

「之後，雖然我的騎術超過了姐姐，但卻彌補不了那次傷痛。」

這句話證實了之前的猜測，我們看到兩姐妹之間的競爭。妹妹認為：「我總是落後者，所以我必須趕上並超越他人。」

在前述文章中，我曾提及這種類型，這種現象在次子或最小的孩子身上普遍存在。這樣的孩子有年長於他的哥哥、姐姐，所以他一直試圖超越他們。這個女孩的記憶更強化了她的人生態度，讓她感覺：「在我前面的人總會對我造成威脅，我必須永遠爭先。」

❹「我最早的記憶是被姐姐帶去參加各種宴會或社交活動。我出生時，姐姐已經十八歲了。」至此，這個女孩了解自己是社會的一部分。從這一段記憶中我們可以看出，她的合作能力比其他人強很多。她的姐姐比她大十八歲，由此可見姐姐是家裡最寵愛她的人，對她就像對待自己的孩子一樣。姐姐運用一種很好的方法開拓了她的視野，使得這個孩子的興趣擴展到旁人身上。

「在我之前，家裡的孩子中只有姐姐是女孩，另外四個都是男孩，所以姐姐很喜歡帶著我四處炫耀。」我們應該知道這種方式並不好，當一個孩子被視為「炫耀品」的時候，她便會將目光放在吸引別人的注意力上，而不是為社會做出貢獻。

「所以，在我很小的時候就經常出入各種社交場合。在這些聚會中，我印象最深的就是姐姐總是強迫我說話，她總是說『告訴他們妳叫什麼名字』這類的話。」其實這種方法並沒有什麼好處，如果這個女孩因此患上口吃或出現語言障礙，那也不足為奇。因為孩子口吃的原因常常是因為別人對他的語言過度關注，進而造成他無法自然輕鬆地與人交流，反而過分關注自己，企圖使別人更加了解自己。

「我還記得當我說不出話的時候，總會受到訓斥，後來我就開始討厭外出面對人群了。」看來我們之前對她下的結論並不正確。現在我們發現，在這個女孩早期記憶的背後，隱藏著這樣的含義：「我並不喜歡被帶出去與人社交，正因為有了這樣的經歷，所以我不再喜歡與人交往和合作。」所以我們可以推測，她至今仍然不想與人交往，她和其他人在一起的時候會覺得很尷尬、拘束。她的心裡認為，與旁人在一起的時候必須炫耀自己，但她又對於這些行為感到疲倦，因此她與其他人在一起時，就變得難以接觸了。

❺「小時候有一件事令我印象深刻。在四歲那年，我的曾祖母來看我。」從這句話我們了解，曾祖母對她十分疼愛，那曾祖母究竟是如何對待她的曾孫呢？「她來看我們的時候，我們全家一起拍了一張全家福。」可見這個女孩對自己的家庭興趣濃厚，因為她對家中的那張照片記憶猶新。據此，我們可以認為這個女孩十分依戀自己的家庭。但是，如果我的猜測沒錯的話，她的興趣也僅限於自己的家。

「我很清楚地記得，我們開車前往另一個城鎮。抵達照相館後，他們為我換上一件白色的繡花裙。」這個女孩也許是視覺型的人。

「在拍全家福之前，他們先讓我和弟弟拍了一張合影。」我們可以看出這是一個戀家的女孩，弟弟是家庭中的一員，之後我們也許還會聽到她和弟弟之間的事。「弟弟被放在我旁邊椅子的扶手上，而且手中被放了一個紅色的氣球。」

之後，她又再次想起了那個球，「但是我的手中什麼都沒有。」

我們應該明白這個女孩爭取的是什麼了，她認為自己不如弟弟受寵。我們可以推測，弟弟出生後搶走了她在家中的地位，她對此難以接受。

「他們讓我們笑。」她的意思是告訴我們，「他們讓我們笑，可是我笑得出來嗎？弟弟被擺在座位上，手中還拿著一個紅色的球，而我的手中卻什麼都沒有」。

「在接下來的全家福中，每一個人都拍得很好看，只有我沒有笑。」她要和家人作對，因為她感覺不公平。在她的早期記憶中，她始終沒有忘記家人對她的態度。

「當他們讓我們笑的時候，弟弟笑得很甜，的確很可愛。但是，至今為止我都很討厭照相。」上述記憶可以讓我們感受到這個女孩對於人生的態度。

當我們內心存有某種印象時，便會習慣用這種印象解釋所有事情。很明顯的，幼年的照相經驗讓她感到很不高興，所以後來她便不喜歡照相。我們常常發現，當一個人對某件事感到厭煩時，便常常為自己的行為找各種理由，並利用他經驗中的事情證明。這段早期記憶讓我們了解她的兩種性格：第一，她是視覺型的人；第二，她很戀家，這是極其重要的一點。她的早期記憶皆發生於家庭的小範圍內，這表明她可能無法順利適應社會。

❻「我最初的記憶是在我三歲左右發生的一次意外。一個為我父母幫忙的女孩帶我們到地窖中，她讓我們品嘗蘋果酒，我們都很喜歡喝。」

發現自家地窖中的蘋果酒十分有趣，就像發現了新大陸一樣。現在我們可以推測兩種情況：也許這個女孩在面對新環境的時候，會具有很積極的心態；她也可能認為，當有大膽的人引誘自己時，自己會被他們帶壞。

以下回憶也許能幫我們找到答案。「過了一會兒，我還想喝，所以我就自己動手了。」這個女孩膽子很大，她敢自己動手。

「不一會兒，我的腿開始發軟，結果我將蘋果酒桶打翻了，酒灑了一地，地窖中變得非常濕滑。」從這段記憶，我們看到了一個禁酒者的誕生。

「我不知道是否因為這件事讓我不再喜歡蘋果酒或其他含酒精的飲料。」

這件小事成為影響她人生態度的原因。如果我們理性地分析這件事，它似乎並不會產生那麼大的影響。但是，她卻認為正是這件事讓她不再接觸酒精類飲料。我們或許可以解釋為她是一個可以從錯誤中吸取教訓的人；又或許她是一個自立的人，在犯錯之後懂得改正。這種品德會伴隨她一生，她彷彿在說：「當我犯下錯誤的時候，我如果知道自己確實錯了，那我就會加以改正。」如果事實確實如此，那她的性格一定很好，積極向上、勇敢面對一切、追求完善自我，過著一種很有價值的生活。

在以上案例中，我們只是在訓練推測力。在我們確定自己的說法是否正確之前，一定要多方面地了解這個人的性格特徵。接下來讓我說明性格在一個人的行為中所體現的一貫性。

有一個三十五歲的男性，因為患有焦慮症[1]（Anxiety disorder）而來找我尋求醫治。他只要一離開家就會感到焦慮，但他又不可能不出去工作。所以只要到了辦公室，他就開始唉聲嘆氣，一直到晚上和母親坐在一起的時候才會感到舒服一些。當我問及他的早期記憶時，他曾說：「我記得在四歲的時候，我坐在家裡的窗戶前，看著外面忙碌的人們。」他喜歡看著別人工作，而自己只想在一邊觀望。若想幫助這位男性，就要讓他擺脫自己無法與他人一起工作的想法。他一直認為自己只能倚靠別人生活，我們必須對改變他的這一觀點。我們不應該因此而責怪他，藥物治療更是沒有任何用處。他的早期記憶告訴我們，我們需要為他尋找一份令他感興趣的工作。他喜歡觀察但他近視，正是因為這一缺陷，所以使得他對事物的關注力更強。一直到進入職場之後，他的腦中想的仍然是觀察而不是工作，但是這兩者並不矛盾。在他痊癒後，他開設了一家畫廊，用自己的方式承擔起自己的責任，並為社會做出貢獻。

還有一位罹患失語症的三十二歲男性，他無法正常講話，只能怯懦地出聲，而這種狀況已經持續兩年了。罹患失語症的原因是他不小心踩到一塊香蕉皮，然後撞上計程車的玻璃。他接連嘔吐了兩天，並且頭痛劇烈。可以肯定的是，他因為這場意外造成腦震盪，但並沒有影響到他的喉嚨，所以這場意外並不是他罹患失語症的原因。他曾有八個星期完全無法說話，為此他與計程車司機打起了官司，但這件事的確難以裁決。他認為計程車司機應該為這起事故負責，所以向計程車司機索賠。我們可以想像一下，當他拿出傷殘證明時，也許就有勝訴的把握了。我們不能說他意圖欺騙，因為他只是沒有大聲說話的必要。也許在事故之後，他的確發現自己說話困難，而且他看不出自己需要改變的理由。

這位病人曾尋求喉科醫生協助，但是醫生卻找不到任何病症。當我問到他的早期記憶時，他說：「我記得自己躺在來回搖晃的搖籃中，但搖籃的掛鉤突然脫落。搖籃掉下來，我受了重傷。」

沒有人願意被摔傷，但這位男性好像把受傷看得過於嚴重了，他總認為這是一件極其危險的事，受傷成為他注意力集中的重點。

「當我摔下來的時候，門打開了，母親衝進來，她被嚇壞了。」他用這件事吸引了母親的注意力，但自己也同時產生對母親的責備，他認為母親沒有盡到應盡的義務。所以，他認為計程車司機有錯，同樣的，計程車公司也有錯，他們沒有盡到應盡的義務。由此可見，這位男性是一個被寵壞的孩子，他總是把責任推到其他人身上。

在另一段記憶中，他講述了一個類似的故事：「五歲的時候，我從二十英呎（約為六百一十公分）的高處掉下來，然後被一塊很重的木板壓住。在事發的五分鐘內，我幾乎說不出話。」可見此人很容易喪失語言能力。他可以順利地控制自己的失語能力，並總是把原因歸結於摔倒之上。雖然我們認為這並不是理由，但是他卻認為這就是自己無法說話的原因。他可以很熟練地運用這一「技能」——只要跌倒就會立刻失語。唯有讓他了解自己的錯誤，讓他明白失語和摔倒是兩件幾乎毫無關係的事情，尤其是讓他知道在車禍之後的兩年多，沒有必要都低聲細語地說話，他的病症才有可能痊癒。

接下來的記憶則揭示了他無法意識錯誤的原因。他繼續說道：「我母親又跑了出去，她看起來很激動。」在這兩次摔傷的經驗中，他都把母親嚇壞了，但卻也讓母親更加關注他。他是一個渴望吸引眾人目光的孩子，他希望那些為他帶來不幸的人付出代價。如果這些事情發生在其他被寵壞的孩子身上，也會有同樣的結果，只是那些孩子可能不會採取失語的手段，而是其他方法。

這是這位病人的特點，是他從過去經驗中建立起來的生活模式。

另外一個例子，一個二十六歲的男性總認為自己找不到適合的工作，於是前來尋求我的幫助。八年前，他的父親幫他找了一份經紀方面的工作，但因為沒有興趣所以他很快就辭職了。他試圖找尋其他工作，但並沒有找到。他還抱怨自己深受失眠所苦，甚至有過自殺的念頭。當他放棄了經紀方面的工作後，曾在另一個城鎮找到了一份工作，但在不久之後隨即得知母親病重的消息，於是他又回到了家庭所在的城鎮。

從這個故事中，我們可以想像他的母親對他的溺愛程度，但他卻有一個嚴厲的父親。我們可以發現，他或許終其一生都在和父親對抗。當我們談到家中的排行時，他說自己是最小的孩子，且是家中唯一的男孩。他有兩個姐姐，大姐總是喜歡命令他，二姐也同樣對他發號施令。父親則每天對他嘮叨個不停，他覺得除了母親之外，全家人都在限制他。

他十四歲才進入學校，父親將他送去一所農業學校，因為畢業後就可以幫助父親打理農場。他在學校裡的表現很好，但他卻不想成為一名農場主人，於是父親為他找了一份經紀的工作。奇怪的是，他竟然能在這份工作熬了八年之久。但是，他說自己能夠這樣做，完全是因為母親的緣故。

童年時候的他懶散又恐懼黑暗，也害怕一個人獨處。當我們聽到某個孩子很懶散的時候，自然可以發現某個習慣幫他收拾東西的人；當我們聽到某個孩子害怕黑暗，不想一個人獨處時，自然可以找到某個經常關注、撫慰他的人。這位男性背後的那個人就是他的母親。他認為交友是一件困難的事，但當他周旋於陌生人之間時，卻也覺得相當自在。他沒有談過戀愛，對愛情沒有任何興趣，也從來沒想過踏入婚姻。他認為父母的婚姻並不幸福，由此我們可以知道他逃避婚姻的理由。

他的父親曾強迫他繼續從事經紀人的工作，但是他卻想從事廣告業。然而他也非常清楚，家人不會提供金錢讓他創業。我們可以發現，他做的任何一件事都與父親的意思相悖。在擔任經紀人的時候，他雖然已有一些積蓄，但並沒有將這些錢投入自己喜歡的廣告業中。所以，他說自己想做廣告，只不過是故意與父親為敵罷了。

從他的早期記憶中，我們可以清楚地看到一個被溺愛的孩子對嚴厲父親的反抗。他還記得在父親經營的餐廳裡打工的情形，他喜歡洗盤子，他喜歡將盤子從這張桌子上放到那張桌子上。但他的做法卻激怒了父親，所以父親當著所有顧客的面給了他一耳光。這一經驗讓他將自己的父親視為一生的敵人，並且不斷與父親為敵。如今，他依然沒有誠心工作的想法，只不過是想以此傷害父親。這樣會讓他感到十分滿足。

說到這裡，我們也不難理解他試圖自殺的想法。自殺是一種譴責，在想到自殺時，他就會將責任歸於父親，對於工作的不滿同樣歸咎於父親。父親的任何建議，他都不會接受，但因為他是被溺愛的孩子，所以在經濟上無法獨立。他並不是真的想工作，他只想玩耍。但又對母親存有合作之意，所以擺出像是想找工作的態度。然而，他對父親的抗爭又該如何解釋他的失眠問題呢？

如果晚上無法入睡，第二天工作一定沒有精神。父親希望他好好工作，但他感覺很累所以無法做到。這時，他就會說：「我不想工作，你強迫我也沒用。」但他又必須考慮到母親和家裡的經濟狀況，所以如果他直接拒絕工作，那他的家人就會認為他已無可救藥，不願意再繼續供養他。因此，他必須為自己找一個無懈可擊的藉口，於是他得了一種令人頭痛的病症——失眠。

一開始，他說自己從不做夢，但後來他想到了自己常做的一個夢。他夢到有人朝牆上丟一顆球，然後球朝他彈了過來。這個夢似乎沒有什麼特別的，我們可以將這個夢和他的人生態度連繫在一起嗎？

我問他：「那後來怎麼樣了呢？」他說：「當球朝我彈過來的時候，我就驚醒了。」

至此，我們已勾勒出他的失眠框架。他把這個夢視為鬧鐘，將他從夢中叫醒。在他的潛意識中，所有人都正在向前推他、驅使著他、強迫他做不喜歡做的事。他夢到有人朝牆上丟球，每到此時他就會驚醒，到了隔天他就會累得無法工作。而父親正在焦急地等待他去工作，他就是以這種方式對抗父親。如果我們只看他和他父親之間的爭戰，那我們應該覺得他非常聰明，因為他竟然能想到這樣一種抗爭武器。但是無論對他自己或對別人，他的人生態度都是不對的，所以我們必須幫助他糾正。

在我解釋過他的夢之後，他便再也沒有做過這個夢了，但他依然常常在半夜驚醒。他已經意識到這個夢的目的，所以不再有勇氣做這個夢，因為他知道其他人會揭穿他的目的。但他每天依然無法安靜地睡覺，導致第二天無法正常工作。那我們該如何幫助他呢？唯一的辦法就是讓他與父親合作。如果他仍然將注意力放在擊敗自己的父親上，那麼誰都幫不了他。

一開始，我依然像往常一樣順應他的想法。我說：「你父親這樣做的確不對。他不應該對你發號施令，這不是明智的做法。他或許也有需要治療的地方，但是你又能做什麼呢？你難道指望他改變嗎？如果今天下雨了，你應該怎麼做呢？你只能撐起雨傘或是乘坐計程車，對抗風雨或試圖打敗它都是毫無意義的。而現在的你就像在和風雨抗爭，只會無謂地浪費時間。你以為這麼做可以表示你的強大嗎？你可以戰勝它們嗎？相反的，它只會更強烈地傷害你。」我把他的所有問題都連繫在一起，他對工作的猶豫、產生的自殺念頭、離家出走的行為、失眠的症狀，這一切行為都說明一個問題——他透過懲罰自己，進而懲罰自己的父親。

我更點明他在睡覺時驚醒的行為：「晚上睡覺的時候，如果你總是想著自己隨時會醒，就會讓自己非常疲倦，導致第二天無法好好工作，你的父親便會感到非常生氣。」我想讓他了解，他不斷將目光放在惹怒父親上。如果不讓他停止這種行為，任何治療都是沒有意義的。他是個被寵壞的孩子，我們都能看出這一點，現在他自己也明白了。

這種情況類似於伊底帕斯情結。這位年輕男性只想傷害自己的父親，但對母親卻異常依賴。然而此案例與性無關，他的母親非常寵愛他，父親卻對他極其冷淡。他因為受到這種不良情感的影響，所以人生態度也變得異常扭曲。這和遺傳亦毫無關聯，他的問題並不是由殺死部落酋長的野蠻人本能中導衍出來的，而是從他的經驗中創造的。這種行為可能發生在任何一個人身上，只要他有一個過度寵愛他的母親、一個異常嚴厲的父親，就如同這個年輕人一樣。如果一個孩子被迫和父親對抗，而又無法獨立解決問題，那他採用這種方式也是情有可原的。

註❶焦慮症 Anxiety disorder

一種明顯感覺焦慮和恐懼的精神疾病。焦慮是對未來事件感到擔心，恐懼則是對當前事件的反應，這些感覺可能會導致各種身體症狀，如心跳過速或顫抖。遺傳與環境都有可能是造成焦慮的原因，孩童時期遭受虐待、家族有精神病史以及貧窮，都有可能是焦慮症的危險因子。焦慮症常常和其他精神疾病一併發生，像是重度抑鬱障礙、人格異常或成癮症。

V

第五章

夢

Dreams

夢是一座橋樑，
連繫著當前的現實生活和我們對人生的態度，
人生態度不需要強化，而是應該與現實銜接。
夢具有各式各樣的形式，
每一種夢境都可以揭示人在面對某種情景時，
需要強化的人生態度。
所以，對夢境的分析只能針對特定一個人，
不可能像套用公式一樣解讀夢中情景。

夢的解析

在古代與夢境相關的書籍中，對夢有各式各樣的解釋，但唯一不變的就是人們一直認爲夢境和未來有著特殊的連結。

幾乎每一個人都會做夢，但是真正了解夢的人卻非常少，這種現象看來非常奇怪。「夢」是人類心靈中一種很常見的現象，人們一直對它很感興趣，但卻一直對它的意義迷惑不解。許多人非常重視他們的夢，他們認為夢境奧妙無窮而且具有重大意義。從人類最古老的年代起，便對夢境十分感興趣。然而，截至今日為止，人們對於「做夢時自己到底在做些什麼」、「為什麼會做夢」這些問題，仍然沒有確切的定論。

據我所知，目前解析夢境的理論中，只有兩派是容易讓人理解且合乎科學的。這兩種了解夢境並且解析夢境的學派，分別是心理分析學派[1]（Psychoanalysis）和個體心理學派[2]（Individual Psychology）。在這兩者之中，可能只有個體心理學者才敢說他們的解釋是完全合乎常識的。

雖然之前的人們對夢的理解沒有科學根據，但依然有其可借鑑之處，至少能表現出當時人們對於夢境的看法和態度。夢是人類心靈創造活動的一部分，當我們了解人們對夢境有什麼期待時，也就能看出夢境的目的。在人類剛剛開始對夢的研究時，就已經發現我們總是認為夢境與未來之間有著某種密不可分的連繫。人們認為在自己遭遇困難的時候，會有精靈、鬼神、或祖先在夢境中幫助我們。

在古代與夢境相關的書籍中，對夢有各式各樣的解釋，但唯一不變的就是人們一直認為夢境和未來有著特殊的連結。原始人類同樣認為夢境是對未來的某種預測，古希臘或古埃及人常常到神廟中求夢，希望神祇在夢中指點迷津，當時的人認為這種夢是治病驅邪的良方。另外，美洲印第安人為了讓夢境出現以指點自己的未來，利用齋戒、沐浴、滌罪等方法引出自己的夢。在《舊約聖經》❸中同樣記載著夢境可以預示未來所發生的事。如今，仍有人認為夢中的事情會發生在現實世界，他們堅信夢中的自己是預言家，夢境可以帶領他們走向未來世界，並預料即將發生的事情。

從科學的立場來看，這種觀點自然是荒唐無稽。從我開始試圖解開夢境的謎題時，我便很清楚，夢境中的人預見未來的能力遠遠比不上清醒且能完全支配其感官的人。我們不難發現，夢不僅不會比日常思維理智而能預測未來，反而更為混亂且令人難解。然而，我們還是應該注意，人類認為夢境可以透過某種方法和未來連繫的這一傳統觀念。如果我們從客觀的態度加以研討這一傳統觀念，它可能會提醒我們注意到某些一向被忽視的重點。如果我們對夢有所了解之後，就會發現其中的玄機所在——夢在一定程度上真的會為我們找到前進的路。

前面已經提到，人們曾經以為夢境能夠對他們的問題提出解決之道。那我們可以認為，這種人做夢的目的就是想要獲得對未來的指引，以及解決生命問題的方法。這和一般認為夢境可以預見未來的觀點相去非常之遠。我們必須思考一個問題，他所尋求的真的是問題的解決方法嗎？還是他希望從其中獲得更多的東西呢？雖然上述問題很多都還是未解之謎，但有一點仍然是非常明顯的，夢中所提出的任何解決問題之道，必然比清醒時考慮整個情境所獲致的方法來得差。事實上，上述這種人就是希望在睡覺中解決問題，這種說法並不算太過分。

註❶心理分析學派 Psychoanalysis

又稱為精神分析學派、佛洛伊德學派，於十九世紀末期由奧地利神經學家西格蒙德・佛洛伊德創立的一門學科。精神分析學派的基本原則如下：一、包括遺傳的性格構造在內，心理發展是由幼時的經歷所決定。二、人類的行為、經歷和認知大部分是由非理性的慾望所決定。三、這些慾望大多是無意識的。四、若試圖將這些無意識的慾望引至意識層面，則會引起自身保衛機制的心理抵抗。五、意識、潛意識、現實之間的矛盾會引起心理疾病。六、這些被抑制的潛意識可以透過專業手段使患者意識。佛洛伊德有多位著名的弟子、年輕同事，其中榮格發展出以原型理論為基礎的分析心理學理論，最終和佛洛伊德決裂，成為「榮格心理學」。其實，佛洛伊德和所有弟子之間的關係，最後都因為對精神分析學的理論分歧而決裂，阿德勒亦是如此。後人評論均形容，這是佛洛伊德個人和各「兒子」之間的伊底帕斯情結。最終，佛洛伊德的理論由女兒繼承。心理分析學派最致命的弱點就是，它忽略了外在社會因素對人格發展的影響，從而將人格發展視為一個可以獨立於外部世界的封閉體系。

註❷個體心理學派 Individual Psychology

指的是阿德勒的精神分析心理學體系。西元一九一一年，阿德勒因強調社會因素的作用，公開反對佛洛伊德的泛性論造成兩人關係破裂，創立個體心理學。個體心理學是心理分析學派內部第一個反對佛洛伊德正統精神分析的心理學理論體系，使生物學走向的本我心理學轉向社會文化走向的自我心理學。阿德勒的心理整體論、主觀目的論和社會文化定向，對後來西方心理學的發展具有重要意義，它不僅為精神分析社會文化學派奠定基礎，而且也為人本主義心理學的建立提供發展條件。但是，個體心理學仍屬於潛意識心理學範疇，例如，將精神疾病的病症視為一種潛意識中的補償作用。其中的「向上驅力」、先天「社會興趣」、潛能思想，均帶有佛洛伊德精神分析生物學的影子。

註❸《舊約聖經》

基督教對《聖經》全書前一部分的稱呼。《舊約》從摩西帶領以色列人出埃及及開始撰寫，直到耶穌降生前大約五百年時完成，前後經歷約一千年。《舊約聖經》通常被分為摩西五經（又稱律法書）、歷史書、詩歌智慧書和先知書四部分。

佛洛伊德對夢境的觀點

人們爲什麼會做夢？
做夢的目的又是什麼？

心理分析學派主張夢境具有可以用科學加以解釋的意義，但佛洛伊德[1]（Sigmund Freud）在解釋這些觀點的時候，卻將夢境脫離了科學的範疇。例如，他在研究夢的時候，以人腦白天和晚上活動的差異作為前提，把「有意識」和「無意識」視為相對立的兩面，夢所遵循的規律與白天的思維規律截然不同。這些觀點無論從哪個角度來說，都是沒有科學根據的。

當原始人類和古代哲學家處理思想概念的問題時，總是習慣把兩個概念放在兩個極端進行研究，認為概念是完全對立的。在精神病患者的思想中，這種簡單對立或二元思維最為明顯，他們普遍認為左右、男女、冷熱、輕重、強弱是相互矛盾的。但是從科學的角度來說，這些概念是可以相互轉化的，並非完全對立。它們就像尺上的刻度，只是按照相對的位置排列，好與壞、正常與不正常當然也不是對立的。那麼，佛洛伊德把清醒和睡眠、白天的思維和夢中的思維視為完全對立，當然也是不正確的。

佛洛伊德的另一觀點認為，應該將夢境放在「性」的背景下進行研究，這一觀點同樣把人們的正常活動與夢境割離。如果假設這一觀點正確，那夢境自然就不是整體性格的表達了，而只是其中一部分。心理分析學派也發現，以性解釋夢境有所不足，因此佛洛伊德還主張：「在夢裡，我們還能發現一種求死的潛意識慾望。」也許這種觀點有其正確性，然而前面我們提到，夢的目的之一就是找到解決問題的方法，這也表明了對個人能力的不自信。據此來說，佛洛伊德的觀點過於隱晦，他無法讓我們了解人的整體性格是如何透過夢境反映，而且在佛洛伊德的觀點中，夢境好像完全脫離了現實生活。不過，佛洛伊德的觀點中也有一些值得借鑑的想法。例如，夢的內容不是最重要的，重要的是它背後潛藏的想法，這一點很有用處。在個體心理學中，我們也有類似的觀點。佛洛伊德忽視了科學心理學的前提——認識人格的一貫性，以及個體思想和言行的一致性。

在佛洛伊德對夢境解析的幾大問題中，我們可以發現他並沒有解釋某些問題，像是人們為什麼會做夢？做夢的目的又是什麼？心理分析學派認為：「夢境是為了滿足沒有實現的願望。」然而這一回答並不是通用的。例如，我們沒有做夢、我們的夢被遺忘了、我們做了一個自己無法解釋的夢，那麼在這些情況之下又該如何以夢境滿足自己的願望呢？夢境會發生在任何人身上，但卻沒有任何人可以理解。那麼，我們做的夢又為我們提供什麼樂趣呢？如果夢中的生活與日常生活迥然不同，而夢所造成的滿足也僅只發生於夢境的生活圈，那我們也許就能明白做夢的意義了。

但是，如果這種觀點正確，那就無法將夢和人的性格相連繫了；夢對於醒著的人來說，也就沒有任何意義。從科學角度來說，人在做夢的時候和清醒的時候是同一個人，做夢的目的也和此人的性格相一致。但是，唯有某一類人，我們無法連繫他在夢中想實現的願望和其現實性格，那就是被過度寵愛的孩子。他們常常會問：「我該怎樣做才能滿足自己的願望呢？我可以從生活中得到什麼？」這種人會在夢中尋找想要的東西。

如果我們仔細研究佛洛伊德的觀點就會發現，他所解釋的只是那些被過度寵愛的人，他們認為自己的本性不容置疑，認為其他人都沒有存在的必要。他們也常常這樣問：「我為什麼要愛周圍的人呢？難道他們愛我嗎？」

心理學分析學派對被過度寵愛的孩子進行了詳細的研究。但是這種研究僅僅知曉了所有人類的千萬分之一，並不是人類整體性格的表現。如果我們能夠真正了解所有人夢境的目的，那也就知道那些令人費解的夢和被遺忘之夢的目的了。

註❶佛洛伊德 Sigmund Freud

西格蒙德・佛洛伊德，奧地利心理學家、精神分析學家、哲學家。心理分析學的創始人，又被稱為「維也納第一精神分析學派」。著有《夢的解析》、《精神分析引論》、《圖騰與禁忌》等。提出「潛意識」、「自我」、「本我」、「超我」、「伊底帕斯情結」、「利比多」、「心理防衛機制」等概念，認為男性天生具有弒父娶母的慾望和戀母情結（又稱伊底帕斯情結），女性天生具有弒母嫁父的慾望和戀父情結（又稱厄勒克特拉情結），以及兒童性行為等理論。如今其理論的大部分細節已被心理學界否定，但其理論框架和研究方式依然深深影響後來的心理學發展，被世人譽為「精神分析之父」、二十世紀最偉大的心理學家之一。

個體心理學對夢的研究

夢境顯示的是這個人不願意改變自己生活態度的一種想法。

二十五年前，在我剛剛開始研究夢境的含義時，它成了我最頭痛的問題。我認為夢中的生活和清醒的生活是一致的，如果我在白天時為了達到某種目標而努力鑽研，那麼晚上的夢境同樣也會思索著這些問題。人們在夢中的目標和現實中的目標應該是一樣的，就像他們做夢的時候也必須為了這個目標不斷奮鬥一樣。所以，夢境是人生態度的表現，並與之息息相關。

Adler
強化人生態度

有一種現象可以幫助我們了解做夢的目

的，有時早晨醒來時，我們會完全忘記夢中的情形，好像沒有任何印象。但事實的確如此嗎？真的一點印象都沒有了嗎？其實不然，夢中的某種情感依然被我們的大腦保留了下來。我們已經忘記夢境的內容，但卻有著對夢的情感和對夢的不解，夢的目的也必定存在於那些遺留下來的情感之中。夢只是引發這種情感的一種方法，而留下這種情感就是夢境的目的。

一個人的情感和他的人生態度必定一致。夢中的思想和清醒時的思想並沒有絕對的差異，它們之間並沒有嚴格的界限。如果一定要區分夢境和清醒時的思想差異，即夢中的思想與現實距離較遠，但並不代表它脫離現實。如果在日常生活中，我們總是被某一事情煩擾，那在夢中同樣會被這一事情煩擾。其實，在夢境中我們不讓自己從床上掉下來，也說明夢境和現實是相連的。為人父母者在喧鬧的大街上也可以睡著，但是只要一個輕微的動作就會驚醒孩子。這就說明即使是在夢中，我們與外界的連繫依然存在。但在逐漸長大成人的過程中，這些感官和知覺已經漸漸弱化，和現實的連繫也就自然減少了。在做夢的時候，我們通常都是獨自一人，所以生活中的壓力也不再沉重，我們不必再時刻顧慮環繞著我們的環境。

唯有當我們真正放鬆且已有解決問題的方法後，才能沒有任何干擾地進入夢鄉。其實，夢就是對平靜睡眠的一種干擾。所以，我們可以這麼認為，在我們還未將事情處理妥當之前、在我們還存有重大壓力之時、在現實中還存在種種問題的時候，我們才會做夢。

現在我們再研究另一問題：睡覺的時候，我們的大腦是如何面對問題呢？因為我們並不是對整個情境進行研究，所以這個問題就顯得簡單許多，而我所提出的解決方法對我們本身的要求也非常之小。事實上，做夢就是為了支持我們生活的方式，並讓這種方式與我們的情感互相結合。那麼，為什麼我們的生活方式需要得到夢境支持呢？生活方式會受到什麼樣的威脅呢？唯有現實和常識能夠攻擊我們的生活方式。所以，做夢的目的就是為了保護我們的生活方式不受常理攻擊。這就引出一個有趣的想法，如果一個人在面臨問題時不想用常理解決，那夢境就會激發出某種情感堅定他的態度。

這樣看來，這種行為似乎和我們清醒時的生活互相矛盾，但其實並不然。睡覺時的情感和清醒時的情感仍是一致的，如果在遇到困難的時候，某人不願意按照常理行事，那他便會找尋各種理由為自己違背常理的做法辯解，以證明自己的正確性。例如，有一個人想要一夜暴富，卻又不想付出勞動和為社會做出貢獻，他的腦海中便可能產生賭博的念頭。理智上，他明白很多人都因賭博欠下一屁股債，但他依然渴望活得灑脫自在、尋求快速致富。那他會怎麼做呢？他開始在夢中為自己設想未來的「宏偉藍圖」，他將擁有香車美人、金銀珠寶，成為名震四海的富人。在這些幻想的激勵下，他不斷堅定自己的思想，最終違背常理，走上賭博的不歸路。

類似的事情也經常發生在我們的日常生活中。在工作的時候，如果同事推薦一部戲劇很好看，那我們便會想要馬上放下手邊的工作。處於熱戀期中的男女也經常想像自己與另一半的未來生活，如果他對這段感情傾情投入，那他所設想的必定是美滿幸福的婚姻；如果他對另一半興趣不大，那他所設想的未來則是沒有色彩的生活。不管如何，他的思想都會不斷地被大腦激發，透過這種感情我們便可以判定他是屬於哪一種類型、性格的人。

如果在夢醒之後，我們除了感覺之外什麼都沒有留下，那麼夢境對常理又有什麼影響呢？其實，夢境就是常理的敵人。如果我們多加注意就會發現，那些不受感情矇蔽、按照理性科學行事的人，通常很少做夢或幾乎不做夢；反之，其他經常作夢的人則不願意用正常而有用的方法解決問題。遵循常規行事是這個人願意與他人合作的指標，合作素養欠佳的人通常不願意按照常規行事。這樣的人經常做夢，因為害怕自己的生活態度遭受抨擊，希望讓自己的人生態度強於他人，試圖逃避現實生活中的挑戰。總而言之，夢境連繫了個人的生活態度和他當前所面對的問題，夢境顯示的是這個人不願意改變自己生活態度的一種想法。人生的態度就是夢的製造者，它可以激起人的某種情感。所以我們在夢裡發現的任何一個事件，都可以在這個人的其他特徵或病症中察覺。無論做夢與否，我們都會用相同的方式處理問題，而夢境則支援並強化我們的人生態度。

如果以上觀點是正確的，那麼我們對夢的解讀就有了全新的發現——人在夢中會欺騙自己。每一個夢都是人們的自我陶醉、自我催眠，其目的就是引發一種讓我們準備應付某種問題的心境。在夢中，我們的性格與平時並無差異，但我們需要將這一性格加工成現實生活所需要使用的感情。如果這一觀點是對的，那我們甚至可以在夢的構成和夢所運用的手段中找到自我欺騙的成分。

談到這裡，我們發現了什麼呢？我們發現了在前面已經提到過的某種選擇，如畫面、事件和各類事故等。當人們回憶往事時，會選擇其中一些畫面和事件。為了實現自己的目標，人們總是會選擇那些有利於我們人生態度的畫面和場景。同樣的，在夢中我們也只會選擇那些與我們人生態度一致的事件。這種選擇只不過是我們的生活態度和我們遭遇到的困難連繫後所得的結果而已。而且在夢境中我們會被告知，當遇到困難時，我們的人生態度對我們提出的要求。在夢中，態度依舊我行我素；而當我們在現實中遇到困難，需要運用常理時，我們心中的人生態度仍然會固執己見。

象徵和隱喻

夢的素材是自何處汲取的呢？不管是歷史久遠的古代，或是現今的佛洛伊德，眾人都表明夢是由隱喻和象徵所構成的。

正如一位心理學家所說：「在夢裡，我們都是詩人。」（We are poets in our dreams.）

但是，為什麼夢境無法用簡單的話語表達，反而一定要用隱喻或詩一般的語言呢？其實很簡單，如果不這樣做的話，那我們就無法在夢境中擺脫常理的束縛。隱喻和象徵有時是荒謬的，它們會將兩種意義不同的事物連繫在一起，它們可以同時表達兩種觀點，但其中一個也許十分荒誕。隱喻和象徵的結果可能是不合邏輯的，它們能夠被用以引起感情，而我們在日常生活中又常常可以發現它。例如，如果我們想糾正某人的時候，也許會說：「不要像個孩子一樣。」也會說：「為什麼要哭？難道你是女人嗎？」當我們為了表達自己的情緒時，常常會使用隱喻將兩種毫不相關的東西連繫在一起。例如，一個身材高大的男人訓斥一個矮小的人時，說：「你就像一條蟲子，只配被別人踩在腳下。」他運用這種隱喻正是為了表達自己的憤怒之情。

隱喻是一種很優美的表達方式，但我們可能會利用它自欺欺人。當初，荷馬[1]就運用了一種誇張的手法形容希臘軍隊像雄獅一樣橫掃戰場的情景。難道他想詳細描寫那些滿身汙垢的骯髒士兵們嗎？當然不想，他想讓文章中的士兵們像雄獅一樣勇猛。當然，我們都知道他們不是雄獅，但如果詩人據實描寫，描述他們氣喘吁吁、汗流浹背的樣子，描述他們克服恐懼、躲避災難的情形，描述他們破舊的盔甲，細數他們戰爭中的細節，那這部作品會給我們留下如此深刻的印象嗎？不會，隱喻就是為了美好、為了想像、為了幻想。但必須注意的是，對於一個人生態度錯誤的人而言，運用隱喻和象徵就是一件非常危險的事情。

考試對於學生來說再尋常不過，他只需像平時一樣勇敢面對就可以了。但是，如果他時時存有逃避的想法，他就有可能夢到自己正在戰場上。他將簡單的事情用隱喻的方式表達，就是為自己的逃避提供足夠的理由。或許他還會夢到自己站在懸崖的旁邊，他認為自己必須離開那裡，否則就有可能掉下懸崖。他必須製造一種情感以逃避考試，所以便說考試像懸崖一樣可怕，以此欺騙自己。

同時，我們還發現夢中常見的另一種方法：當遇到問題時，先精簡壓縮直到剩下問題的一部分，然後再以隱喻的形式將其餘部分表達出來，並將精簡壓縮的某部分視為原來的問題處理。

例如，在完成學業或通過考試的過程中，一個對學習很有把握且有遠見的學生，亦同樣需要支持並尋求自信心。所以在考試前夕，他會夢到自己站在山頂上。他所身處的這幅景象是非常簡單的，只顯現了人生中的一小部分。對他來說，考試雖然是一件大事，但是他卻只專注於成功的部分，不會顧慮考試的其他部分，他藉由夢境激發出的感情也只是為了替自己加油助威。第二天起床之後，他會覺得心情舒暢、頭腦清醒、信心十足，因為他減輕了必須面對的困難。儘管他重新肯定了自己，但事實上依舊是自欺欺人，他並未以常理全心全意地面對整個問題，只是激發了自己某種自信而已。

人類特地激發自己情感的行為是很正常的，例如當一個人試圖穿越一條小河時，總會先數一、二、三。難道數一、二、三真的很重要嗎？穿越小河與數一、二、三有關聯嗎？其實沒有任何關係。但是數數卻可以激發他的某種情感，並匯聚他的全部力量。我們的心靈中本來就有預存的某種人生態度，但是若想使它更加強大，就必須聚集自己的力量、激發自身的情感。我們日以繼夜地為此努力，但在夢中表現得更為清晰。

以下讓我們透過夢境解釋人類是如何欺騙自己。第一次大戰期間，我在一所專門治療精神疾病士兵的醫院擔任院長。當遇到那些無法適應戰場生活的士兵時，我便會找一些在軍事機關內服務的工作幫助他們，這對於減輕他們的壓力非常有用。某一天，我為一名士兵看診，他是我在這裡見過最強壯的人。當我為他做檢查時，他顯得很失落，我不知道該如何幫助他。我當然想將所有罹患疾病的士兵送回家鄉，但這必須經過高級軍官批准，而且我也不可能照顧到所有人。我有些難以確定這個士兵的病症，但我還是告訴他：「你罹患了精神疾病，但你的身體很健康強壯。我可以讓你做一些簡單的工作，這樣你就不用上前線了。」

這個士兵得知自己不能回家後，非常失望地說：「我只是一個窮學生，還要靠教書得來的微薄薪水養活我的父母。如今我不能再繼續教書，他們也就無以為繼了。如果我無法養活他們，他們就會餓死的。」

我希望幫助他找到一份輕鬆的行政工作，但我又害怕如果診斷書這樣寫，那位高級軍官反而更加生氣，一怒之下送他上前線。最後，我決定盡己所能地照實填寫，交出一份他只適合擔任防衛性工作的證明。那天晚上，我做了一個非常恐怖的夢。夢中的我成了一名殺人兇手，在黑暗狹長的街道上瘋狂奔跑，我極力回想自己究竟殺了誰，但無論如何都想不起來。我的感覺告訴我：「我的確殺了人，我的這輩子也因此完蛋了。我的生命將要終結，一切都結束了。」

醒來後我首先想的就是「我殺了誰」，然後才猛然想起，如果無法幫助這個年輕士兵找到一份在軍事機關內服務的輕鬆工作，那他就很有可能被送上前線，而我就成了「殺人兇手」。看到這裡，大家應該明白我是如何激發自己的情感欺騙自己的。事實上，我並沒有殺害任何人，即使發生了我預想中最壞的結果，那也不是我所造成的，但我的人生態度阻止我這麼做。我是一名治病救人的醫生，而不是殺人的兇手。我告訴自己，如果我提出這名士兵應該轉為軍事機關內的行政工作，那他很有可能會被憤怒的上司送往前線，這樣反而情況更糟。而我唯一能幫他做的就是為他提供一份證明，說明他只適合擔任防衛性的警衛工作，這既合乎常理又不違背我的人生態度。

在後來的事情中，我證實了按常理行事是最佳的辦法。那位高級軍官在看到我提供的證明後，將它扔在一旁，我當時還在想：「完蛋了！他果然要將那名年輕士兵送到前線了，那我當初不如寫讓他去辦公室工作。」隨後，高級軍官卻在上面批註「軍事機關服務，六個月」。後來我才知道，原來這名軍官早已收受賄賂，所以才會對這名年輕士兵從輕處置。這名年輕士兵從來沒有教過書，他對我講的也全都是謊話。他這麼說只是想讓我開一份他只能從事文職工作的證明，這樣那位收受賄賂的軍官就可以核准我的建議了。從那時起，我就再也不受夢境左右了。

正因為我們很難理解夢境的含義，所以經常被它所愚弄。如果我們理解了夢的含義，那就不會對於夢境產生什麼特殊情感，也就不會受到夢境的欺騙了。所以，我們還是應該將夢擱置一旁，依照常理行事。其實，如果我們可以解釋夢裡的所有情景，那夢境也就失去存在的目的了。

夢是一座橋樑，它連繫著當前的現實生活和我們對人生的態度，人生態度本就不需要強化，而是應該直接與現實銜接。夢具有各式各樣的形式，每一種夢境都可以揭示這個人在面對某種情景時，需要強化的人生態度。所以，對夢境的分析只能針對特定一個人，不可能像套用公式一樣解讀夢中情景。下文中，當我大略舉出幾種夢境的典型時，我並非想要提出解釋夢的原則，我只是想利用它幫助我們了解夢境和它的意義而已。

註❶荷馬

相傳為古希臘的遊吟詩人，生於小亞細亞，創作了史詩《伊利亞特》和《奧德賽》，兩者統稱《荷馬史詩》。由這兩部史詩組成的荷馬史詩，語言簡練，情節生動，形象鮮明，結構嚴謹，是西方第一部重要的文學作品。荷馬史詩不但文學價值極高，也是古希臘西元前十一世紀到西元前九世紀唯一的文字史料，反映了邁錫尼文明，所以這一時期也被稱為「荷馬時代」或「英雄時代」。《伊利亞特》敘述希臘聯軍圍攻小亞細亞的城市特洛伊的故事，以希臘聯軍統帥阿伽門農和猛將阿基里斯的爭吵為中心，描寫戰爭結束前五十天發生的事情。《奧德賽》則敘述伊塔卡王奧德修斯在攻陷特洛伊後，於歸國途中十年漂泊的故事，描寫這十年中最後一年零幾十天的事情。

夢境分析

關於夢，我們首先必須考慮的是它所遺留下來的情緒，以及它和我們人生態度的關係。

很多人曾經做過關於飛翔的夢，其實這和其他的夢一樣，都是為了激起人們的某種感情。這種夢境留下了一種輕鬆愉快的情緒，並將情緒由低處帶往高處。這個夢境會將克服困難和追求優越感視為很簡單的事，它們讓我們把自己想像為一個勇敢無畏、高瞻遠矚、志向遠大的人，即使在睡夢中我們依然不會忘記自己的志向。這樣的夢暗示著一個問題：「我應該繼續向前還是止步於此呢？」答案是：「我的前途一帆風順。」

我們還應該注意另一種夢境，那就是跌倒的夢。這種夢境說明在人的腦袋中，對自我保護的恐懼遠遠大於克服困難的憂慮，如果我們常常告誡孩子保持警惕，那就很容易理解這種夢境了。例如，人們常常對自己的孩子說：「不要爬椅子、不要動剪刀、離火遠一點。」孩子常常被這種虛幻的危險包圍。但是，如果一個人被他的父母保護的膽小如鼠，那他將無法應對真正的危險。

當我們夢到自己無法動彈或趕不上火車的時候，意思是：「如果我可以不用費力就解決這個問題，那該有多好啊！所以我一定要繞道行走，我要故意遲到，故意讓火車開走，免得再遇到這類問題。」

考試也是我們常常夢到的事件之一，我們也許會很驚訝，都這麼大了還在夢境中參加考試，或是夢到自己已經通過的考試。其實，這是在暗示：「你還沒有準備好應對眼前的問題。」但對於其他人來說，也許是：「以前你通過這項考驗，但現在你必須接受眼前的挑戰。」一件事情在不同人身上所象徵的意義是不同的。關於夢，我們首先必須考慮的是它所遺留下來的情緒，以及它和我們人生態度的關係。

我曾治療過一個三十二歲的女性精神病患者。她排行家中第二，就和其他排行第二的人一樣同樣懷有雄心壯志，事事想爭第一，希望可以完美解決生命中的任何問題。她來找我看診時，精神幾近崩潰，因為她愛上了一個比她年長但事業失敗的已婚男人。她想過要嫁給他，但對方不願意離婚。

後來，她做了一個這樣的夢：她在某一處鄉下將現在的公寓租給一個男人，這個人搬進去不久後就結婚了。但男人卻付不起房租，而且不誠實甚至懶惰，所以她將那個男人趕了出去。從這裡我們可以發現，這個夢境和她的現實有著極大的連繫。此時的她正猶豫要不要嫁給這個事業失敗的男人，因為他很窮困、無法養活她。有一次，他們一起出去吃飯，但卻沒有錢付帳，這就更容易和她夢中的那個男人相比。這個夢引發她不願結婚的情感，她是志向遠大的女人，她不想一生跟隨著一個貧窮的男人。她詢問自己一個假設性問題：「如果他是租住我房子的人，當沒有錢付房租時，我該怎麼辦呢？」答案是：「你必須滾出去。」

當然，這個男人不是她的房客，所以這樣的假設並不成立，養不起家的男人和付不起房租的房客是兩回事。她為了解決自己的問題，為了堅持自己的人生態度，得出一個結論：「我絕對不能嫁給他。」她並沒有按照常理思考，只關注了事情表面。她同時將愛情和婚姻壓縮在這一個假設上：「如果有一個男人租住我的公寓且付不起房租的時候，他就必須離開。」好像這個假設就足以說明一切問題。

個體心理學的治療方法一直致力於提升個人應對生活的勇氣，所以在治療過程中，夢境會慢慢朝積極的方向發生變化。

一個因為憂鬱症而住院的患者在即將出院時，做了這樣一個夢：「我一個人坐在長椅上，暴風雨突然侵襲。幸運的是我沒有被它襲擊，我很快地跑進了丈夫的房間。後來，我在報紙的招聘專欄中幫他找到了一份適合的工作。」這個病人也理解其夢的含義，這表明她和丈夫已和好如初了。最初，她抱怨丈夫無所事事、事業無成，而從夢中我們可以看出，她了解「和丈夫在一起總比獨自面對困難好得多」。雖然她得出了正確的結論，但她向丈夫妥協的想法仍然隱含著怨恨和不公。她依舊過於強調自身的危險，還沒有做好與他人合作的準備。

我還治療過一個十歲的小男孩，老師說他是一個卑鄙的孩子，總是心懷不軌，同學們都不敢招惹他。他在學校裡常常將偷得的東西放在別人的抽屜裡，使得那個人受到懲罰。這種行為只有在一個孩子覺得需要他人低於自己的水準時，才可能發生。他要羞辱他們，證明他們才是卑鄙下流的，而不是他自己。如果他的想法確實如此，那我們可以猜測，他是受到家庭環境的薰陶，有人向他灌輸了這種不良思想。

這個十歲的孩子曾因為向一位孕婦扔石頭而造成麻煩，也許在他這個年齡，已經明白懷孕是怎麼回事了。我想他應該是討厭懷孕的女性，我們還必須觀察他是否有弟弟妹妹，也許他們的到來讓他感到不舒服。在老師口中，他是「害群之馬」，常常欺負別的孩子、為他們取綽號、在背後說別人壞話。他還會欺負小女孩，我想他很可能有一個他不喜歡的妹妹。

後來我才知曉他是家中的長子，還有一個四歲的妹妹。從他的母親口中得知，他對妹妹非常好。這一點出乎我的意料，這樣的一個孩子怎麼可能愛他的妹妹呢？他的母親還說，自己和丈夫的關係非常融洽。對於這個孩子來說，這真是一件憾事。因為如果事實真是如此，那他的父母對他所犯下的任何錯誤都沒有什麼責任。

這些事件是出自於他邪惡的本性、出自於他的命運，或出自於他遠代的祖先！我們常常遇到這樣的例子：幸福的婚姻、優秀的父母、令人厭煩的孩子。教師、心理學家、律師和法官都是這種不幸的見證人。其實，這種看似美滿的婚姻，反而常常為孩子帶來嚴重的影響，如果他看到母親對父親加倍關注，就會心生怨恨。他希望母親將全部的愛都歸於自己身上，不想讓母親對其他任何人表現關心。

那麼，美滿的婚姻對孩子的成長不利，不幸的婚姻則更為不利，我們應該如何解決這一問題呢？我們必須培養孩子的合作精神，避免讓他只依附於其中一個雙親的身上。他其實就是一個被母親寵壞的孩子，他想奪取母親所有的愛，一旦母親無法做到，他就會故意製造麻煩。

我的這些猜測後來都獲得了證實。事實上，這位母親確實從沒有打罵過孩子，但那是因為這樣的事一般都是由父親動手。也許她認為自己過於軟弱，唯有男人才可以發號施令、實行懲罰；也許她是想讓孩子依附於她，害怕失去這個孩子。但不論從哪方面來說，這樣的做法都是在轉移孩子對父親的興趣，會讓孩子和父親之間合作的機會消失。結果可想而知，他們之間的摩擦越來越多。我還聽說這位父親是個愛家的好男人，但就是因為這個兒子的原因，導致父親也開始害怕回家。他對孩子非常嚴厲，經常責打孩子。但也有人說這個男孩並不怨恨自己的父親。這是不可能的事，這個孩子又不是傻子，他只是隱藏了自己真實的想法而已。

這個男孩雖然很喜愛妹妹，但卻經常踢打她，兩人根本無法和睦相處。晚上，妹妹睡在父母房間的兒童床時，他卻只能睡在餐廳的沙發床上。我們可以從這個男孩的角度設想，如果我們是他的話，那一定會對睡在父母房間兒童床的妹妹感到不滿。我們應該站在男孩的角度去思考、理解、感受，他也想被媽媽關注，但在夜晚時，妹妹卻比他更接近母親，所以他必須想方設法贏得母親的關心。

男孩的身體很健康，他出生時很順利，哺食母奶達七個月。但因為他的腸胃不好，當他初次食用牛奶時，他嘔吐了。之後，他便斷斷續續地嘔吐直到三歲。雖然現在他的營養充足、身體強壯，但腸胃仍然不好，他認為這是他的弱勢。現在我們就可以明白他向孕婦扔石頭的原因了。他很挑食，當家裡的飯菜不合他的胃口時，父母就會給他錢讓他去買自己喜歡吃的東西。但他卻常常向別人訴苦，說自己的父母經常讓他挨餓。他對於說謊已經習以為常了，他試圖用詆毀別人的方式獲得優越感。

現在，我們就可以解釋他到診所時所講述的夢境了。他說：「我是一個西部的牛仔，他們將我送到墨西哥，我必須殺開一條血路返回美國。有一個墨西哥人想擋住我，所以我就在他的肚子上用力踢了一腳。」這個夢其實表達了以下想法：我被敵人包圍了，我必須全力拼搏。

在美國，牛仔是英雄的象徵，他認為欺負小女孩和踢別人的肚子就是英雄的表現。至此，我們已經了解在他的印象中，肚子是一個極其重要的部位，也可以說是致命的部位。他的腸胃一直不好，他的父親也患有神經性胃病，而且一直無法治癒。在這個家庭中，腸胃占據很重要的地位，而這個男孩的目的就是攻擊旁人的弱點。

從他的夢境和行為，我們可以看出他的人生態度。如果我們不把他從生活的夢境中喚醒，他就會一直這樣生活下去。他不但和自己的父親、妹妹、比自己年幼的女孩作對，甚至和那些阻止他的醫生作對。夢中的情境促使他繼續堅持自己的行動，他想要成為一個英雄、想要征服別人。除非他了解自己正在自欺欺人，否則他永遠無法改變。

我在診所中向他解釋了他的夢境。夢中的他生活在一個充滿敵意的國家，那些想阻止他、懲罰他的墨西哥人都是他的敵人。待他再次來到我的診所時，我問道：「從上次見面到現在，你覺得自己有什麼變化嗎？」

「我以前是一個壞孩子。」

「你以前都做過什麼呢？」

「我欺負比我小的女孩。」

這並不是後悔的表現，而是在炫耀自己的能力。在我的幫助之下，他仍然堅持自己是一個壞孩子。他還說：「我不要改變自己，我還是會繼續踢你的肚子。」我們該怎樣幫助他呢？他仍生活在自己的夢裡、仍以為自己是一個英雄，當務之急就是消除他從這種角色中所獲得的滿足感。

我對他說：「你認為英雄會去欺負一個弱小的女孩嗎？這是英雄行為嗎？如果你想當英雄，那你就要去和那些身強體壯的女孩相爭，不然就放棄吧！」這只是治療的一個部分。我必須讓他明白，不要再執著於自己的人生態度。德國有一句諺語是「在他的湯裡吐口水」（Spitting in the soup.），唯有這樣他才會放棄那碗湯。治療的另一個部分是讓他鼓足勇氣與他人合作，以另一種方式為社會貢獻，進而找到人生的價值。除非害怕堅持人生中正向的一面會遭受不可抗力的挫敗，否則人不會永遠固守在無用的一面。

有一位單身的二十四歲女孩，她正從事祕書工作。她對我說，她的老闆是一個欺軟怕硬的人，這令她難以忍受，她還覺得自己無法擁有真正的朋友和友誼。從這裡我們可以看出，她無法獲得友情是因為她過強的支配慾，她希望自己成為眾人關注的焦點，她的目的在於表現個人的優越感。但她與她的老闆是同一種類型的人，總是想操縱控制他人，所以這樣的兩個人一起相處，麻煩自然是免不了的。

這個女孩有七個兄弟姐妹，她是家中最小的一個孩子，是父母的寵兒。她的外號叫「湯姆」，可見她一直想成為一個男孩。這就讓我們更加懷疑，她是否將控制他人作為自己的優越感目標？她可能認為只要變得男性化，就可以控制他人且不受他人操縱。

這個女孩很漂亮，她認為自己受人喜歡完全是因為她的容貌，所以她很害怕自己的臉受到傷害。在當今的時代，美麗的女孩更容易給人深刻的印象，也更容易控制別人，她對這件事知之甚詳。但是，她想讓自己成為男人，想以男性的手段控制別人。所以，她對自己的容貌又不是過分關注。

童年時期，她曾受到某個男人的驚嚇，她承認自己現在仍然害怕那些強盜和瘋子的襲擊。她既想成為男性，卻又害怕強盜和瘋子，這的確會令人感到有些不解。但是，仔細想想就會覺得沒有什麼稀奇了，正是因為這樣的恐懼，才使她產生男性化的目標。因為她想生活在完全受自己掌控的環境中，對於其他無法控制的環境就會盡量避開。而強盜和瘋子正是她無法控制的，所以她希望消滅那些人。她的心中渴望成為男人，但卻又無法實現，所以她就將責任歸於周遭環境。這種對自身女性角色不滿的現象稱為「男性傾慕[1]」（Masculine protest），她更發出這樣的感慨：「我是男人，我要克服各種作為女人不利的一面」。

接下來讓我們看看她夢中的情感和現實的情感是否相似。她在夢中常常是孤身一人，她是一個被過度寵愛的孩子，她的夢顯示：「我需要別人的照顧和關心，我獨自一人的時候非常沒有安全感，別人會襲擊我、壓制我。」她還常常夢到自己弄丟錢包，那是她在提醒自己：「小心點！你有可能弄丟東西。」她不希望丟失任何東西，尤其不希望失去對旁人的掌控。她將生活中的一件小事——弄丟錢包，視為失去所有東西的象徵。這又是一個透過夢中情感強化人生態度的例子，她在現實生活中並沒有丟過錢包，但在夢中卻發生了，所以留給她這種印象。

她還有一個比較長的夢，可以幫助我們更清楚地了解她的人生態度。她說：「我夢到自己在游泳池游泳，游泳池裡人很多，有些人注意到我站在他們的頭頂上。我感覺有人正在尖叫並緊盯著我。我搖搖欲墜，似乎有摔下來的危險。」

我想如果我是雕塑家，那就可以將她夢中的情景畫出來。在夢中，她站在別人的頭頂上，把別人視為自己的「底座」。這個夢境其實就是這個女孩人生態度的體現，她渴望擁有這種感覺，但她卻對自己的位置感到不安。她認為其他人也了解她內心的焦慮，並且應該幫助她，讓她繼續站在旁人的頭頂上。她感覺在水中游泳並不安全，這就是表達她整體的人生態度。她的人生目標是「雖然我是一個女孩，但我想成為男人。」

她也像其他家庭中最小的孩子一樣志向遠大，但她只想讓旁人關注她的優越地位，卻不想承擔在優越地位中的應盡責任，並且一直處於焦慮和恐懼的威脅之中。如果我們要幫助她，那就應該讓她接納自己是一個女性並且樂於成為女性，而不是盲目崇尚男性，並以平等而友善的態度對待其周圍的人。

有一個女孩在十三歲的時候，弟弟於意外事故中去世。她記得自己童年時期的一件事：「弟弟剛學會走路的時候，他試圖抓住椅子往上爬，但椅子卻倒了，砸在他身上。」因為這一次事故，讓我們可以看出她深刻地感到這個世界的種種危險。她說：「我常常做一個很奇怪的夢。我走在一條大街上，街上有一個坑洞，但我沒有發現，所以我掉了進去。坑洞裡充滿了水，我碰到水馬上就醒了，醒來之後心跳不止。」

其實，這個夢並沒有什麼奇怪之處，但如果她總是被這個夢驚醒，那這個夢對她而言就是神祕難解的。這個夢在提示她：「一定要小心，生活中有很多不知道的危險。」但其實際意義遠大於此。如果沒有什麼地位，那就不會掉下來；如果有掉下來的危險，那就證明她認為自己高人一等。所以，這個夢還告訴她：「我的地位很高，所以我應時時注意別讓自己掉下來。」

在另一個案例中，我們可以了解早期記憶和夢境同樣受到人生態度所支配。有一個女孩說：「我記得以前很喜歡看別人蓋房子。」我想她是有合作精神的人，因為我們不可能讓一個小女孩參與蓋房子的過程，但透過她的興趣，我們可以看出她喜歡與他人合作完成任務。「當我還是個小孩子的時候，我常常會站在一扇很高的玻璃窗前，至今我仍然記得那些玻璃方格，就像昨天一樣歷歷在目。」如果她注意到玻璃窗很高的事實，那就證明她的腦袋中已形成高與矮的對比。其實，她的心裡認為：「窗戶很大，我很小。」事實上，她是一個矮小的女生，正因為此她對於大小很敏感。她說自己至今仍然記得那些玻璃窗格，這是她炫耀自己的一種表現。

再讓我們看看她的夢境。「我和另外幾個人坐在汽車裡。」她喜歡與別人在一起，所以證明她具有合作精神。「我們開車來到一片樹林，大家跳下汽車，跑進樹林，他們的個子幾乎都比我高。」這又是她對大小的一次深刻印象。「我追上他們，並且跟著大家進入電梯中。後來，電梯降到一個十英呎深的礦井中，我認為如果我們出不去，那一定會被悶死在這裡。」在這裡，她感受到周圍的危險。人並不是毫無畏懼的動物，很多人都害怕危險的到來。但她卻說：「結果我們安全地走出電梯。」從這裡我們可以感受到她的樂觀精神。如果她是一個懂得合作的女孩，那她就是勇氣十足、積極樂觀的。「我們在那裡待了一分鐘，後來又坐著電梯上來，接著跑回車裡。」

我確認這個女孩熱於合作，但她卻總是希望自己更加高大、強大。我們也可以從她身上發現某種焦慮情緒，例如她常常踮著腳尖走路，但是她與旁人的共同合作和共同成就，就足以讓這些焦慮緊張消逝於無形了。

註❶男性傾慕 Masculine protest

阿德勒認為由於文化的影響，不管是男性或和女性，有時都會過度強調「要成為男性」的重要性。阿德勒認為女性的精神生活和男性是一樣的，他認為男性主導的文化是不自然的，是歷史發展的產物。阿德勒認為女性的自卑狀態並非基於生理上的因素，而是基於不利的發展和社會學習的結果。

國家圖書館出版品預行編目資料

自我啟發之父阿德勒的不完美人生指引：自卑與超越／阿德勒(Alfred Adler)著. -- 初版. -- 新北市：啟思出版，采舍國際有限公司發行,2019.06 面；公分 譯自：What life should mean to you？
ISBN 978-986-271-862-9（平裝）

1.阿德勒(Adler, Alfred, 1870-1937)　2.學術思想　3.精神分析學

175.7　　108007140

自卑與超越

自我啟發之父阿德勒的不完美人生指引

What life should mean to you?

啟思 Cheese Group

自卑與超越

出 版 者▼啟思出版
作 者▼阿德勒(Alfred Adler)　編 譯▼啟思療癒小組
品質總監▼王寶玲　文字編輯▼范心瑜
總 編 輯▼歐綾纖　美術設計▼蔡瑪麗

郵撥帳號▼50017206采舍國際有限公司（郵撥購買，請另付一成郵資）
台灣出版中心▼ 新北市中和區中山路2段366巷10號10樓
電 話▼（02）2248-7896　傳 真▼（02）2248-7758
I S B N ▼978-986-271-862-9
出版日期▼2019年6月初版

全球華文市場總代理▼ 采舍國際
地 址▼新北市中和區中山路2段366巷10號3樓
電 話▼（02）8245-8786　傳 真▼（02）8245-8718

全系列書系特約展示
新絲路網路書店
地 址▼新北市中和區中山路2段366巷10號10樓
電 話▼（02）8245-9896
網 址▼www.silkbook.com

線上 pbook&ebook 總代理▼ 全球華文聯合出版平台
地 址▼新北市中和區中山路2段366巷10號10樓
主題討論區▼ www.silkbook.com/bookclub　● 新絲路讀書會
紙本書平台▼ www.book4u.com.tw　● 華文網網路書店
電子書下載▼ www.book4u.com.tw　● 電子書中心（Acrobat Reader）

本書採減碳印製流程，碳足跡追蹤並使用優質中性紙（Acid & Alkali Free）通過綠色環保認證，最符環保要求。